Laura Mesquita Costa de Carvalho

ALÉM DAS REGRAS

O fator humano no compliance

WA LN

Publisher: Washington & Lincoln University Press
First edition: MARCH 2026 (Revision 1.0)

Author: Laura Mesquita Costa de Carvalho.
Title: Além das Regras: O fator humano no compliance
Cover design: Washington & Lincoln University Press
Book design: Washington & Lincoln University Press
Review: Washington & Lincoln University Press

E-book format: EPUB
Print format: Print format: Paperback- 6 x 9 inch

ISBN: 978-1-966958-41-3 (Print - Paperback)
ISBN: 978-1-966958-40-6 (e-book – EPUB)

Washington & Lincoln University Press is a division of Washington & Lincoln University, Inc.
Orlando, FL, USA
https://press.walnuniversity.com • https://walnuniversity.com

Editora: Washington & Lincoln University Press
Primeira edição: março 2026 (Revisão 1.0)

Autor: Laura Mesquita Costa de Carvalho.
Título: Além das Regras: O fator humano no compliance
Design da capa: Washington & Lincoln University Press
Projeto gráfico: Washington & Lincoln University Press
Revisão: Washington & Lincoln University Press

Formato e-book: EPUB
Formato impresso: Capa mole - 6 x 9 polegadas

ISBN: 978-1-966958-41-3 (Impresso – capa mole)
ISBN: 978-1-966958-40-6 (e-book – EPUB)

Washington & Lincoln University e WALN University são marcas registradas da Washington & Lincoln University, Inc.
Washington & Lincoln University Press é uma divisão da Washington & Lincoln University, Inc.
Orlando, FL, USA
https://press.walnuniversity.com • https://walnuniversity.com

AGRADECIMENTOS

Com alegria e gratidão, deixo aqui meus agradecimentos.

Primeiramente, agradeço a Deus, fonte de toda sabedoria, sustento e direção. Foi n'Ele que encontrei força nos momentos de cansaço, paz nas incertezas e propósito em cada etapa desta caminhada.

Aos meus pais, meu mais sincero agradecimento por acreditarem em mim, investirem nos meus sonhos e nunca medirem esforços para que eu pudesse ir além. O apoio, o incentivo e os valores que me transmitiram são alicerces fundamentais desta conquista.

Ao meu esposo, companheiro de jornada, agradeço pela paciência, compreensão, incentivo constante e por caminhar ao meu lado mesmo nos dias mais desafiadores. Seu apoio tornou este percurso mais leve e possível.

À minha querida filha Júlia, que com seu amor, sua alegria e sua existência dá novo sentido a tudo o que faço. Você é inspiração diária e motivo para buscar sempre o melhor.

Às minhas irmãs, sobrinhos, sogros e cunhadas, agradeço pelo carinho, pelas orações, pelo apoio silencioso e pelas palavras de encorajamento que, muitas vezes, chegaram exatamente quando eu mais precisava.

Cada um de vocês faz parte desta conquista. Este livro carrega não apenas estudo e dedicação, mas também amor, fé e a presença de pessoas que caminharam comigo ao longo desse processo. A todos, minha eterna gratidão.

APRESENTAÇÃO

Este livro nasce da inquietação diante de uma pergunta simples, mas profunda: por que pessoas seguem normas quando ninguém está observando? Em um cenário no qual programas de compliance se tornaram cada vez mais presentes nas organizações, a discussão sobre integridade muitas vezes permanece restrita a regras, políticas e controles formais. Além das Regras propõe ir além dessa abordagem, convidando o leitor a refletir sobre os fatores que sustentam o comportamento ético no cotidiano organizacional.

A obra parte do entendimento de que a efetividade do compliance não se esgota na existência de normas bem estruturadas, mas se constrói, sobretudo, a partir da intenção dos colaboradores em agir de forma coerente com os valores organizacionais. Nesse sentido, o livro dialoga com temas como clima ético, comprometimento afetivo, satisfação no trabalho e percepção das regras, destacando o papel desses elementos na adesão genuína às práticas de compliance.

Ancorado no contexto brasileiro e em eventos que fortaleceram a agenda de integridade no país, o livro articula fundamentos teóricos e evidências empíricas para demonstrar que a consolidação do compliance exige mudanças culturais contínuas, engajamento e coerência entre discurso e prática. Mais do que oferecer respostas prontas, esta obra convida à reflexão crítica sobre o tipo de integridade que as organizações têm, de fato, construído.

Destinado a pesquisadores, estudantes, profissionais de compliance, gestores e todos aqueles interessados em ética organizacional, Além das Regras é um convite a repensar o compliance não apenas como um sistema de controle, mas como um compromisso coletivo com valores, responsabilidade e cidadania organizacional.

SUMÁRIO

SOBRE A AUTORA

Laura Mesquita Costa de Carvalho

Laura Mesquita é bacharel em Direito pela Universidade Salgado de Oliveira e formada em Secretariado Executivo Bilíngue pela Pontifícia Universidade Católica de Goiás. É mestre em Compliance pela Washington & Lincoln University e possui uma trajetória acadêmica e profissional consolidada nas áreas de governança, ética e comportamento organizacional. Especialista em controles internos e due diligence anticorrupção, possui forte atuação na elaboração de políticas corporativas, programas de integridade e treinamentos voltados à ética e à conformidade organizacional. Como autora, publicou dois capítulos de livro voltados à temática da conformidade organizacional e da cidadania organizacional, abordando fatores que influenciam a conduta ética e a intenção dos colaboradores em seguir normas no ambiente corporativo. Com mais de 15 anos de experiência nas áreas organizacional e administrativa, Laura desenvolveu forte atuação no apoio à gestão e no trabalho colaborativo em equipes multidisciplinares. Ao longo de sua carreira, contribuiu para a estruturação de processos, o fortalecimento de práticas organizacionais e a promoção de ambientes de trabalho mais éticos, eficientes e alinhados aos princípios da governança corporativa. Além de sua atuação acadêmica e profissional, também atua como consultora e instrutora, ministrando treinamentos para empresas nas áreas de compliance, ética corporativa, governança, controles internos e comportamento organizacional. Apaixonada pelo estudo do comportamento humano nas organizações, sua escrita e atuação profissional têm como propósito informar, conscientizar e inspirar profissionais e gestores a adotarem práticas de compliance que vão além do cumprimento formal das normas, valorizando a cultura organizacional, a liderança ética e o engajamento das pessoas.

SOBRE A AUTORA

INTRODUÇÃO

Quando a preocupação com o compliance chegou ao Brasil, muitos gestores questionaram a perenidade dessas iniciativas por se tratar de uma política diferente das que, habitualmente, seguia-se no país. O fato é que existem muitos conceitos acerca desse tema, mas a essência do programa está na sua aplicabilidade, pois é na rotina que o compliance é visto. Sabe-se que uma mudança de cultura não acontece da noite para o dia, sendo um processo contínuo de melhoria.

O escândalo da LavaJato, em 2014, favoreceu a busca por padrões que fossem condizentes com as leis e a normas, tanto quanto por parceiros que assim também praticassem. O processo de adoção de políticas de compliance foi acelerado a partir daí, tal como demonstram dados da pesquisa da KPMG (2021).

Além dessa crescente obrigatoriedade institucional, uma empresa que não possui um programa de compliance é percebida como suscetível a sofrer danos financeiros devido a desonestidades em suas funções (Neves, 2018). Ademais, quando colaboradores têm comportamentos descuidados em relação às políticas de compliance, há prejuízos para a empresa em termos ativos e de reputação (Siponen et al., 2010). Ou seja, o compliance tem grande importância no mundo corporativo pela sua capacidade de agregar valor e aumentar a credibilidade da empresa diante de um mercado cada vez mais competitivo.

Com efeito, não apenas a empresa, mas a sociedade ganha com a implantação de programas de compliance, uma vez que as empresas que se propõem a praticar ações que vão contra delitos ou que são contrários a práticas ilícitas aumentam o senso de responsabilidade de seus colaboradores.

Outro fator importante é que essas empresas exigem de seus parceiros as mesmas condutas. Esse é o ciclo considerado competitivo.

Diante disso, o objetivo central ao se desenvolver esta obra foi analisar qual é o papel do comprometimento afetivo, da satisfação no trabalho, do clima ético e da percepção de existência de regras para o colaborador na sua intenção em seguir normas de compliance nas empresas.

Para se chegar a esse objetivo, buscou-se estabelecer uma análise descritiva do quanto colaboradores têm a intenção de seguir normas de compliance onde trabalham; realizar uma análise fatorial confirmatória que mostrasse que os construtos trabalhados nesta pesquisa são adequados; identificar os motivos que explicam o porquê de os colaboradores terem a intenção de seguir as normas de compliance onde trabalham; identificar o quanto cada uma das variáveis independentes explica a variação na intenção de seguir as normas de compliance; trazer reflexões sobre como praticantes e gestores responsáveis pelo compliance nas empresas podem estabelecer ações e políticas que estimulem a intenção de seus colaboradores em seguir as normas de compliance.

Considera-se que esta obra possa contribuir com as organizações, oferecendo condições para que os gestores direcionem seus colaboradores a seguir com perenidade o programa implantado na empresa. A partir do momento que se entende quais fatores realmente são significativamente influentes na intenção do colaborador em seguir as normas de compliance da empresa, fica mais fácil para o gestor entender quais elementos ele deve trabalhar com seus empregados a fim de ter melhores resultados no engajamento deles com as normas de compliance da companhia.

Além disso, esta obra pode contribuir com a própria existência da organização, pois, quando ela tem o compliance evidenciado, corre menos riscos de imagem e o seu ambiente corporativo dificilmente sofrerá por danos advindos de atos lesivos (Porto, 2020). Além de reduzir riscos, diminui-se, também, as fraudes internas (Roldo & Thaines, 2020). Para aquelas que não têm obrigatoriedade na implantação de programas de compliance, há ainda o benefício por terem maior assertividade ao mitigar os riscos de sua operação.

Pode-se ajudar, ainda, a criação de uma cultura empresarial de combate ao risco. Uma vez que a presente obra tem o seu foco voltado para as influências sobre os colaboradores, não se tem uma visão apenas das ações realizadas pela diretoria no sentido top-down para a implementação das políticas de compliance. Isso faz que se evite o distanciamento do criador das políticas de compliance do restante da organização, havendo, pelo contrário, a imersão das pessoas nessas políticas (Jenkinson, 1996). Além disso, quando existe a participação no nível do colaborador na criação da cultura organizacional, pode-se ter não somente uma cultura de compliance, mas também uma cultura de integridade na qual os valores corporativos ou pessoais dos colaboradores são considerados (Verhezen, 2010).

Diante disso, uma vez que o gestor consiga estimular e desenvolver os mecanismos que antecedem a intenção dos colaboradores em seguir as políticas de compliance, constroem-se elementos importantes para se fortalecer uma cultura de combate aos riscos e à corrupção. Dessa forma, o gestor consegue estimular a legitimidade dessa cultura na organização, a permeabilidade das ações em prol da cultura proposta e o controle sobre as ações que a fortalecem (Interligi, 2010).

Nessa busca da cultura de combate ao risco e à corrupção, é relevante partir da premissa de que o compliance deve estar imbricado na rotina das pessoas, independentemente da sua posição hierárquica (Assi, 2018). Ou seja, elas decidem manter um comportamento atrelado à responsabilidade e ao bom senso na execução das ações, sendo elas de nível operacional ou estratégico. Em outras palavras, "o compliance executa suas atividades de forma rotineira e permanente, sendo responsável por monitorar e assegurar que as diversas áreas e unidades da organização estejam em conformidade com a regulação aplicável ao negócio" (Coimbra, 2010, p.32). Para que haja esse comprometimento das pessoas com as políticas de compliance, faz-se necessário treinamentos e comunicações contínuas que servem, até mesmo, como forma de reduzir custos com ações trabalhistas (Lamboy, 2018).

Outro ponto relevante é que os conceitos sobre compliance ainda não estão tão claros para algumas empresas. O compliance deve ser implantado e desenvolvido de maneira efetiva com ações contínuas. Essa falta de informação e de conhecimento sobre as políticas de compliance da empresa prejudicam sua implementação. Portanto, ao conhecer quais são os elementos que efetivamente ajudam os colaboradores a seguir as políticas de compliance, o gestor cria condições para toda a empresa conhecer mais sobre o que é o compliance e quais são as suas implicações para a organização. Há um benefício para a prática de criar um alerta sobre a importância do compliance e sobre o que ele é a partir do momento em que se trabalha com os antecedentes sobre a intenção de seguir as políticas de compliance.

A partir disso, espera-se que o gestor consiga ter condições de consolidar uma cultura de compliance dentro de sua organização. Afinal, há de se considerar que existe uma grande diferença em ter compliance e estar em compliance. Ter compliance significa a criação de códigos, políticas e regulamentos por mera formalidade legal e, muitas vezes, com o intuito de reduzir as penalizações da lei, mesmo sendo verdade que essas possam ser reduzidas por meio de um programa de integridade. Por fim, estar em compliance vai além da criação de formalidades, significa o cumprimento consciente e de forma sistematizada e deliberada de todas essas normas e regulamentos e, ainda, o envolvimento da alta administração em treinamento contínuo dos colaboradores em todas as questões que envolvem a lisura da empresa.

Ao considerar o compliance para além da mera observância de regras formais, conclui-se que sua efetividade depende, fundamentalmente, da intenção dos colaboradores em adotar comportamentos alinhados às normas e aos valores organizacionais. Mais do que "ter compliance", as organizações são desafiadas a "estar em compliance", o que pressupõe o cumprimento consciente, deliberado e contínuo das normas, sustentado pelo engajamento dos indivíduos em todos os níveis hierárquicos. Nesse contexto, compreender os fatores que antecedem e influenciam a intenção dos colaboradores em seguir as normas de compliance torna-se elemento central para a consolidação de uma cultura de integridade, capaz de transcender a conformidade formal e se traduzir em práticas efetivas no cotidiano organizacional.

CONTEXTO EMPÍRICO E TEÓRICO

Compliance é uma palavra inglesa que vem do termo "tocomply" que significa estar em conformidade e ter obediência às normas e leis, sejam elas internas ou externas. Compliance são ações que a pessoa desenvolve de forma rotineira, pode-se considerar como uma meta empresarial (Carloto, 2019). O tema compliance não é recente como parece. Em outros países como nos EUA, por exemplo, ele vem sendo tratado desde 1970. Foi, inclusive, nessa época que foi criada a Lei Anticorrupção transacional mais conhecida como "Foreign Corrupt Practices Act" ou simplesmente FCPA.

A FCPA foi a primeira lei criada de combate a corrupção no exterior, cujo objetivo era penalizar de forma mais severa aquelas empresas que estivessem envolvidas em atos corruptos e incentivá-las a adotar padrões éticos e de conformidade. Trata-se de uma lei que ganha grande proporção a partir do momento em que também afeta empresas de fora dos Estados Unidos que atuam no país ou que se relacionam com companhias norte-americanas (Acorn, 2021).

Por sua vez, no Brasil, o compliance teve início em 1922, justamente diante do interesse nacional em fazer negócios com o mercado internacional, bem como com empresas transacionais. Considerando-se que a FCPA tem abrangência internacional, ou seja, qualquer empresa brasileira que fechar parceria com uma empresa americana está sujeita a ela, empresas brasileiras tiveram que se adequar às normas de compliance da FCPA.

Inspirada na lei estadunidense, criou-se, no Brasil, a Lei 12.846/2013, também conhecida como Lei Anticorrupção (Martins, 2021) ou Lei da Empresa Limpa. Embora o tema não seja recente neste país, tornou-se mais conhecido em 2014 com o escândalo da operação Lava Jato, envolvendo empresas públicas e privadas, considerado o maior escândalo de corrupção da história brasileira. A partir daí, ampliou-se o aparato judiciário para responsabilizar as empresas que praticassem atos corruptos contra a administração pública, nacional ou estrangeira. Dados mostram que, a partir de então, a quantidade de processos administrativos relacionados à corrupção aumentou gradativamente nos seus primeiros anos (LEC, 2018).

Nesse contexto, o Brasil tem tido cada vez mais inclinação em aderir aos programas de compliance. Prova disso são os dados da pesquisa realizada no país pela KPMG (2021) que mostram que, de 2015 a 2021, a proporção de empresas com um departamento voltado ao compliance aumentou de 40% para 64%, apontando ainda para um crescente aumento da maturidade do compliance no Brasil.

Dessa forma, nota-se a seriedade que os programas de compliance tem dentro das organizações. O processo de implantação é um desafio, visto que os vícios culturais são fortes na maioria delas. Além disso, já se verificou que, no Brasil, existe generalidade e dispersão dos documentos normativos para atender as leis de compliance (Góis et al., 2016), o que pode dificultar a integral adequação às normas de compliance requeridas. Todavia, é difícil para uma empresa manter-se saudável por muito tempo sem uma política de compliance (Vecchio & Pereira, 2020) e é por isso que as empresas buscam a implementação dessas políticas mesmo diante de barreiras e desafios nesse processo.

Dentre as barreiras e desafios, inclui-se elementos que influenciam a decisão do indivíduo em seguir as políticas de compliance adotadas pela organização. Sabe-se que fatores psicológicos individuais, como aqueles previstos pela Teoria do Comportamento Planejado (atitude, norma subjetiva e controle percebido do comportamento), influenciam a intenção do colaborador em seguir as normas de compliance (Foth, 2016). O interessante nessa perspectiva é notar que existem elementos que são intrínsecos e outros que são extrínsecos aos indivíduos quando se discute suas intenções de seguir normas de compliance.

Considerando que, diante de controles sobre suas atividades, colaboradores podem obedecer às normas de controle ou podem resistir a elas (Spitzmüller & Stanton, 2006), entende-se que as políticas de compliance não são automaticamente aceitas e deliberadas pelos colaboradores. É preciso esforço e compreensão dos elementos intrínsecos e extrínsecos que podem influenciar nessa intenção de seguir normas de compliance dos colaboradores. Dentre os fatores intrínsecos, pode-se destacar, por exemplo, os custos intrínsecos do indivíduo, integridade, autorregulação (Hofeditz et al., 2017), autoeficácia (Siponen et al., 2014) e consciência das normas e seus impactos (Karlsson et al., 2017). Estudos mostram, inclusive, que indivíduos do alto escalão tendem a ser mais influenciados pelos fatores intrínsecos para cumprir com as políticas de compliance, ainda que eles possam ter, no geral, menor intenção de cumprir com essas políticas (Hofeditz et al., 2017).

Além desses fatores, há elementos extrínsecos ao indivíduo que também podem influenciá-lo na intenção de seguir com regras de compliance, tais como apoio situacional, persuasão verbal dos líderes e experiência vicária - ver os outros agindo conforme as normas (Warkentin et al., 2011) e relacionamento entre colaborador e gestor (Liu et al., 2020). Ações habituais existentes na organização influenciam positivamente a intenção futura dos indivíduos a seguir uma política de compliance (Vance et al., 2012). Além desses elementos, pode haver fatores coercitivos como: a percepção da existência de sanções e deimpedimentos de trabalho; e a percepção de que maus atos podem ser detectados. Estes podem influenciar a intenção do indivíduo em seguir políticas de compliance (Hofeditz et al., 2017).

Por fim, elementos extrínsecos podem influenciar fatores intrínsecos que estão ligados à intenção de seguir normas de compliance. Por exemplo, a percepção acerca do suporte da alta gestão pode ter efeitos sobre a autoeficácia do colaborador (Cuganesan et al., 2017). A percepção da existência de riscos oriundos de comportamentos não condizentes e a disponibilidade de recursos também podem ser fatores que influenciam a autoeficácia do indivíduo (Herath & Rao, 2009a), que está ligada à sua intenção em seguir as normas de compliance (Herath & Rao, 2009a).

A proposta desta obra é unir elementos da perspectiva intrínseca e extrínseca dos colaboradores em um modelo integrado para a melhor compreensão sobre quais desses elementos, efetivamente, explicam a intenção dos indivíduos em seguir as normas de compliance da organização. Dentre eles, destacam-se novos fatores extrínsecos ao indivíduo como o clima ético da empresa (Yazdanmehr & Wang, 2016), dentre outros. Do ponto de vista intrínseco, destacam-se o comprometimento afetivo (Medeiros & Enders, 1998; Meyer & Allen, 1991) e a satisfação no trabalho (Martins & Santos, 2006). Espera-se que esses elementos possam se relacionar em um modelo de caminhos.

Para a explicação dessas relações, existe entre os pesquisadores uma busca pela melhor teoria para compreender a intenção de seguir normas de compliance (especialmente em suas aplicações para a segurança da informação), tais como a Teoria do Comportamento Planejado, a Teoria Organizacional, a Teoria da Motivação para Proteção e a Teoria Geral da Dissuasão (Rajab & Eydgahi, 2019). Considerando que a satisfação com o trabalho está intimamente ligada com o comportamento de cidadania organizacional (Organ & Ryan, 1995), adotou-se essa nova teoria para a compreensão do fenômeno estudado. Trata-se de uma perspectiva mais abrangente aos desafios do dia a dia das organizações e está baseada na existência de um comportamento no qual o indivíduo se preocupa com o seu papel dentro da empresa e atua considerando o bem comum. Além disso, esta é uma perspectiva teórica que pode abranger elementos extrínsecos, uma vez que eles podem criar um ambiente propulsor da cidadania organizacional. Dessa forma, na presente obra, propõe-se entender os efeitos de fatores intrínsecos e extrínsecos para a intenção do indivíduo em seguir normas de compliance a partir da perspectiva da cidadania organizacional como teoria de base.

Nessa conjuntura, a proposta foi analisar a intenção do colaborador em seguir e respeitar as políticas e normas da empresa, considerando elementos antecedentes intrínsecos ao indivíduo como: o comprometimento afetivo e a satisfação no trabalho; e extrínsecos, tais como: o clima ético e a percepção de regras. Espera-se, a partir disso, trazer contribuições teóricas para que se possa entender os elementos relevantes que podem gerar a intenção em colaborar com as normas de compliance da empresa. Do ponto de vista do praticante, esta obra pode ajudar os gestores a entender melhor quais são os elementos que podem, efetivamente, fazer que os colaboradores tenham a intenção de seguir as normas de compliance.

FUNDAMENTOS E ESTRUTURAS DO PROGRAMA DE COMPLIANCE ORGANIZACIONAL

Neste capítulo, apresenta-se os elementos-chave de um programa de compliance. Espera-se que, com isso, o leitor possa compreender os principais pontos a serem considerados ao se adotar um programa de compliance. Após a conceituação, discute-se as hipóteses que nortearam o estudo que deu origem a esta obra e os caminhos adotados para a sua realização.

Neste capítulo, apresentam-se os fundamentos e a estrutura do programa de compliance organizacional. Espera-se que, com isso, o leitor possa compreender os principais pontos a serem considerados ao se adotar um programa de compliance. Parte-se da premissa de que o compliance não se limita à formalização de normas, políticas ou controles isolados, mas se materializa na articulação contínua entre governança, cultura organizacional, gestão de riscos, liderança, mecanismos de controle e processos de melhoria contínua.

Nessa perspectiva, o programa de compliance é abordado como um elemento estruturante da organização capaz de orientar comportamentos, alinhar práticas institucionais e fortalecer a tomada de decisão ética em todos os níveis organizacionais. Sua efetividade depende da interação dinâmica entre pessoas, processos e estruturas, bem como do comprometimento da alta direção e da incorporação dos valores organizacionais no cotidiano das atividades. Ao longo do capítulo, são apresentados os principais pilares que sustentam o programa de compliance, destacando-se seu papel na promoção da integridade, na mitigação de riscos e no fortalecimento da governança corporativa. Essa abordagem permite compreender o compliance como um instrumento estratégico essencial para a sustentabilidade organizacional e para a consolidação de uma cultura ética consistente e duradoura.

PROGRAMA DE COMPLIANCE E SEUS PILARES

O programa de compliance é o aperfeiçoamento daquilo que a organização já possui, ou seja, todas as práticas realizadas pela empresa no sentido de combater práticas ilícitas e atos de corrupção. É a partir dele que se desenvolvem as políticas, a diretrizes internas, o cumprimento das leis de forma geral com intuito de validar a integridade da empresa. Inclusive, as organizações que conseguem, proativamente, implementar sistemas de compliance podem sustentar e melhorar a sua competitividade (Doyle, 2007). Em outras palavras, contar com um programa de compliance e ética é uma forma de construir vantagem competitiva sustentável para a organização a partir da mitigação de riscos legais (Peterson, 2013), assim como operacionais (Martins & Carneiro da Cunha, 2024).

As tecnologias disponíveis nos dias de hoje auxiliam para que esses sistemas e códigos de conduta sejam disponibilizados e difundidos nas organizações. É importante que elas tenham ferramentas que garantam o amplo acesso e a integralidade das informações. Todavia, vale apontar que os pilares de sustentação de um programa de compliance não seguem obrigatoriamente um padrão comum para todas as organizações. Na verdade, eles são estruturados de acordo com os objetivos de cada organização, ajustando-se aos valores, missão e cultura. Entretanto, estruturar o programa incluindo, no mínimo, os principais pilares citados a seguir o torna mais eficiente.

Diante dos desafios inerentes à implementação e manutenção de programas de compliance, torna-se essencial a adoção de uma abordagem orientada à prevenção e à melhoria contínua. Nesse contexto, destaca-se a utilização do ciclo de gestão PDCA (Planejar, Executar, Verificar e Agir) como ferramenta capaz de apoiar o monitoramento sistemático das práticas de compliance e a correção de eventuais falhas (Giovanni, 2014). Essa perspectiva reforça que os programas de compliance não devem ser compreendidos como iniciativas estáticas ou pontuais, mas como processos dinâmicos que exigem avaliação constante, tratamento adequado dos riscos identificados e aperfeiçoamento contínuo dos controles e dos mecanismos de integridade.

Comprometimento da alta direção

Inicialmente, para que um programa seja bem-sucedido, é importante que a alta direção esteja comprometida e engajada com os seus colaboradores. Também é importante que o programa seja condizido de modo a fazer parte da cultura organizacional e que esta seja estimulanda diariamente. Espera-se que as empresas possam fazer programas de compliance e códigos de conduta que estejam alinhados com uma cultura organizacional orientada ao controle interno (Martins & Carneiro da Cunha, 2024). Isso se explica porque a internalização de um sistema de valores de uma organização pelo colaborador está relacionada com a existência de elementos de capital social como confiança, cooperação e coletividade (Oliveira et al., 2024). Os sistemas de interação que ocorrem repetidamente entre colaboradores, clientes e outros stakeholders formam a cultura corporativa e a reputação da empresa (Thomsen, 2004).

Isso ocorre também com os sistemas de compliance. Quando as normas de conduta são vivenciadas e há interação entre colaboradores, clientes e outros stakeholders, os valores de ética e conduta da organização estão sendo internalizados por eles. Por isso, espera-se que haja o envolvimento dos colaboradores operacionais e do alto escalão com as normas dos códigos de conduta para que ele seja efetivo e vivenciado no ambiente organizacional

(Martins & Carneiro da Cunha, 2024). Esse envolvimento é relevante para a organização porque, quanto mais um indivíduo cumpre com as obrigações de compliance, mais ele desenvolve o senso de dever a ser cumprido (Carter & Siddiki, 2021), de forma que isso vai, cada vez mais, solidificando-se na cultural organizacional.

Além disso, não há como se implantar um programa de compliance sem o envolvimento da alta direção, não apenas na formalização dos documentos, mas de maneira prática nas ações diárias, engajando os colaboradores, tendo envolvimento nos processos e participando dos treinamentos, sobretudo, propagando aquilo que é determinado em suas normas internas. A alta direção deve vivenciar, de fato, o programa de compliance instituído na organização.

O termo "toneatthe top" entendido como "exemplo que vem de cima" é uma das bases do compliance (Compliance Total, n.d.). No Decreto 11.129/2022 (Brasil, 2022), o primeiro termo citado na instituição dos programas de compliance é o comprometimento da alta direção. Além disso, a portaria nº 57/2019 da CGU, em seu artigo 1º parágrafo 1º, estabelece que: "O comprometimento da alta administração deverá estar refletido em elevados padrões de gestão, ética e conduta, bem como em estratégias e ações para disseminação da cultura de integridade no órgão ou entidade" (Brasil, 2019).

Código de conduta

Além dos incentivos espontâneos que podem existir em uma empresa para a prática de ações de compliance e governança corporativa, como é o caso da cultura organizacional ou da vigilância mútua entre os gestores, pode existir, também, incentivos intencionais, que são os mecanismos formais de controle, como a compensação de executivos e os códigos de conduta (Charreaux, 2002 apud Trambacos et al., 2021). Neste sentido, o foco desta obra é o código de conduta, que é um dos principais documentos do programa de compliance. É um instrumento de gestão que traz as diretrizes e orientações dos valores e normas da empresa, tanto para seus colaboradores, quanto para os stakeholders (aqueles que tenham algum envolvimento com asnegociações da empresa).

Neste sentido, quanto maior é o sistema de controles internos de uma empresa, mais os colaboradores tendem a aceitar e aderir aos sistemas de compliance e integridade (Castro et al., 2019).

O código de conduta representa o início da fase documental da organização. Nele, deve-se formalizar objetivos e princípios da organização de forma clara, com linguagem simples para que o conteúdo possa ser absorvido na íntegra pelas partes interessadas. Assim, as políticas da organização em relação ao compliance podem ser esclarecidas e difundidas formalmente para todos da companhia. Além do mais, uma política de compliance é importante para as organizações que buscam eficiência e melhor desempenho financeiro (Ribeiro & Diniz, 2015).

Análise e controle de riscos

De acordo com a LEC, a avaliação de riscos "é um processo que visa à identificação dos pontos de maior vulnerabilidade de uma organização ou de uma atividade e à definição de medidas de mitigação ou de enfrentamento adequadas". Assim, quando se fala em controle de riscos, não podemos nos esquecer da figura do compliance officer, aquele que tem a responsabilidade de cuidar do processo de elaboração dos controles de riscos. Lembrando que o compliance office é liderado pelo "diretor responsável pelo controle interno, que tem por objetivo a devida implementação e cumprimento de códigos assumidos como de acordo com regulamentação do Estado" (Porto, 2020, p.66).

A garantia de sustentabilidade da organização está intimamente ligada à maneira que ela lida com os riscos. Cada lei, cada nova norma que surge, deve ser muito bem analisada e discutida com o intuito de gerar as adaptações necessárias, evitando passivos futuros para a organização. O mapeamento periódico faz parte desse processo (Carlloto, 2020). Por isso, estar em compliance com as normas do setor e respeitando os valores da empresa são elementos que ajudam a organização a perdurar ao longo do tempo. A capacidade de uma organização em estar em compliance e seguir padrões de governança corporativa está positivamente relacionada com seu desempenho financeiro e valor (Outa & Waweru, 2016).

Uma das formas de reforçar o controle aos riscos é destinando recursos da organização para essa finalidade (Martins & Carneiro da Cunha, 2024). É recomendado que haja a destinação de investimentos no aumento de colaboradores dedicados a essas atividades, iniciativas de treinamento e comunicação e implementação de tecnologias que ajudem nas atividades de controle (Santos et al., 2024). Adicionalmente, além de contratações e do desenvolvimento de aparatos para garantir ações de controle e compliance (como a elaboração e o treinamento de um código de conduta), recomenda-se investir na implementação de um comitê de auditoria (Brown et al., 2009), responsável por assumir a responsabilidade das verificações, checagens e controle na própria empresa. Quando existe a auditoria interna sobre as normas de compliance, há melhores práticas de governança corporativa, incluindo as práticas de divulgação (Thottoli, 2021), que ajudam a organização a atender às exigências de controle de riscos.

Por fim, é esperado que os sistemas de controle interno e compliance contenham, também, um plano de ação para a correção e a recuperação da falha ocorrida (Nerantzidis, 2015). Ou seja, o risco deve ser visto como um processo de não apenas evitá-lo e saná-lo diante de um evento, mas também de corrigi-lo para que isso não volte a ocorrer no futuro.

Canais de denúncia

Para Williams (1999,apud Silva et al., 2020, p. 25), o canal de denúncias é um meio pelo qual funcionários, parceiros, clientes e outras partes interessadas podem relatar irregularidades, comportamentos inadequados ou violações de normas e políticas da empresa, sendo componente fundamental em um programa de compliance. A implementação de um canal de denúncias fortalece a transparência, a ética e a reputação da empresa, além de demonstrar compromisso com seus clientes, funcionários e parceiros (Contato Seguro, 2022).

É importante salientar que as denúncias registradas nos canais devem ser sigilosas, confidenciais e acessíveis. Inclusive, estudos já demonstraram que as pessoas podem ter algum receio em fazer a denúncia quando os canais são internos, o que faz que haja maior apelo ao uso desses canais quando eles são administrados externamente e, preferencialmente, de forma independente (Gao et al., 2015). Corrobora assim Machado (2018, apud Lima Júnior e Oliveira, 2021), que defende que o sigilo é capaz de garantir uma certa tranquilidade e até mesmo liberdade para expor situações que possam ocorrer com colegas próximos ou até mesmo advindas da alta gestão da organização.

De acordo com Araújo e Chicourel (2020), os principais aspectos e características do canal de denúncias são:

- Acessibilidade facilitada;
- Independência do canal;
- Eficácia no retorno do status da denúncia;
- Disponibilidade para os diversos públicos, seja interno ou externo.
- Disponibilidade em idiomas diversos.

Defende-se ainda que, idealmente, canais de denúncia, sejam eles internos ou externos à organização, devem buscar agilidade para atender a denúncias o mais rápido possível (Vandekerckhove & Phillips, 2019). Faz parte do cuidado e da atenção com o compliance buscar corrigir e dirimir um problema identificado em caráter de urgência.

Por fim, além dos canais de denúncia, deve haver continuidade no tratamento dessas denúncias por meio de um pessoal dedicado para a sua investigação. É preciso que haja o cuidado em tratar cada uma delas e checar a veracidade daquilo que se recebe. A partir da confirmação de um problema de compliance, é preciso que haja um mecanismo de punição dos envolvidos em uma má conduta (Mohdali et al., 2014). Afinal, a própria ameaça de punição é um instrumento de compliance que estimula as pessoas a seguir as regras de boa conduta.

Comunicação e treinamento

A mera formalidade do código de conduta não é suficiente, é apenas o início do processo. Caso ele não seja replicado a toda a organização, sobretudo aos terceiros, pode não alcançar a eficácia necessária (Porto, 2020). Desta forma, é preciso que haja, regularmente, treinamentos e iniciativas de comunicação para todos os colaboradores e stakeholders da organização sobre seus critérios e padrões de compliance. Assim sendo, o sucesso do compliance reside na constância com a qual é aplicado. À medida que a organização estabelece e expande suas condutas, as informações e os ganhos são gradativos. Considera-se, assim, que os programas de compliance evoluem com o tempo, havendo uma construção social mútua entre os colaboradores da empresa conforme as normas de compliance são realizadas rotineiramente e internalizadas pelas pessoas (Stacchezzini et al., 2020). Isto é, comunicações constantes sobre as normas da organização são importantes para que haja maior efetividade do compliance (Puhakainen & Siponen, 2010).

Diante disso, a comunicação e o treinamento fortalecem aquilo que a empresa busca consolidar como cultura organizacional. Até porque as iniciativas de treinamento e comunicação sobre as normas e condutas são formas de fazer que colaboradores possam internalizar a cultura da organização (Martins & Carneiro da Cunha, 2024).

Portanto, este pilar é considerado um dos mais importantes dentro do programa de compliance para assegurar que a equipe esteja continuamente alinhada à responsabilidade e aos padrões de compliance da organização. A efetividade destas iniciativas de treinamento e de comunicação é relevante para a implementação bem-sucedida das diretrizes de compliance porque garante que todos os membros da equipe compreendam e integrem os princípios da empresa em suas atividades diárias.

Cultura empresarial

A cultura de uma empresa deve ser entendida como o propósito da organização sendo vivenciado diariamente, refletindo-se tanto no comportamento de seus colaboradores quanto em suas crenças e valores (Oliveira, 2022). Isso significa que a cultura organizacional é a manifestação prática do propósito da organização, evidenciada no modo como os colaboradores agem e nas crenças e valores que eles compartilham.

Neste cenário, os departamentos de recursos humanos têm um papel fundamental na busca pelo bem-estar dos colaboradores, utilizando a satisfação como um indicador chave (Asana, 2024). Essa satisfação não apenas demonstra a felicidade dos funcionários em relação às suas funções, mas também reflete sua experiência global dentro da organização.

De acordo com o que é apresentado por Asana (2024), uma forma de compreender as necessidades dos colaboradores dá-se por meio da teoria motivacional de Abraham Maslow, conhecida como a hierarquia das necessidades. Maslow, um influente psicólogo americano, sugeriu que os indivíduos buscam atender cinco categorias de necessidades organizadas em uma hierarquia:

- Necessidades Fisiológicas: Elementos essenciais para a sobrevivência, como alimentação, água e abrigo.
- Segurança: A busca por estabilidade e proteção contra riscos e incertezas.
- Amor e Pertencimento: A necessidade de construir relacionamentos e sentir-se aceito socialmente.
- Estima: O reconhecimento e o respeito, tanto próprio quanto dos outros.
- Autorrealização: O anseio por atingir o máximo potencial e promover o desenvolvimento pessoal e profissional.

No ambiente corporativo, as necessidades dos colaboradores podem ser associadas a essas categorias, levando em conta as particularidades do contexto laboral. Embora cada funcionário valorize aspectos diferentes do seu trabalho, esses cinco fundamentos estabelecem uma base essencial para alcançar e manter a satisfação. Portanto, compreender e atender a essas necessidades são cruciais para a construção de uma cultura forte e saudável, na qual os colaboradores se sintam valorizados e incentivados.

"A cultura organizacional é a essência da empresa e deve ter direcionais claros e positivos para guiar as equipes" (Cruz, 2023). O crescimento da organização depende do quanto ela investe em capital humano, pois um colaborador que está engajado e realmente satisfeito se dedica e se compromete além do que é esperado (Salomão, 2018).

Comitê de auditoria contínua

Para a equipe do Nubank (2020), a auditoria contínua é uma abordagem que permite realizar monitoramento e avaliações de risco de maneira automatizada e regular. Isso envolve a realização de testes de auditoria interna programados dentro de um ambiente analítico.

Nota-se que a Auditoria tem o objetivo de fornecer informações rápidas e precisas sobre eventuais violações de controles, descumprimentos de regras. Trata-se de uma técnica que visa garantir que os processos estejam funcionando adequadamente e que os riscos sejam identificados e tratados de forma proativa, permitindo uma resposta rápida a qualquer irregularidade. Enfatiza-se o papel da auditoria interna na melhoria dos processos e na contribuição para a estratégia organizacional, não apenas como uma função de controle, mas sim como uma parceira estratégica que apoia a gestão na identificação de oportunidades de otimização, inovação e eficiência, ajudando a organização a alcançar seus objetivos de forma mais eficaz. (Chambres, 2016).

Importante entender que o papel de um comitê de auditoria pode ser o de monitorar e supervisionar a organização (Raimo et al., 2021). Ou seja, tem de ser acompanhado de perto. Em outras palavras, não somente focado em monitoramento, mas também em supervisão (Brennan & Kirwan, 2015). Trata-se de uma função que deve assumir o compromisso de atuar genuinamente no apoio à melhoria da empresa, e não apenas na condenação de atividades fora dos padrões ou de condutas inadequadas. Nesse sentido, o comitê exerce um papel estratégico de orientação. Quando sua atuação se restringe exclusivamente ao monitoramento, seu papel passa a ser percebido como um mecanismo de controle direto sobre as operações da empresa, o que descaracteriza sua função estratégica.

É preciso que o comitê de auditoria tenha aceitação dentre as pessoas da organização. Se houver somente um comportamento coercitivo das auditorias, pode-se perder o sentido de melhoria a partir delas. Além do mais, somente quando um comitê de auditoria tem força e legitimidade, ele consegue atuar como um mecanismo de governança mais efetivo (Cohen et al., 2002). É preciso que haja um comitê que coloque o profissionalismo acima de outros interesses comerciais (Alberti et al., 2022) ou pessoais de seus líderes.

Diante dessa forma propositiva, a auditoria contínua possibilita o acompanhamento regular das práticas de conformidade, fornece à alta direção uma visão clara e abrangente sobre os processos organizacionais; demonstra que a organização está comprometida em oferecer altos padrões de qualidade e conformidade; identifica e corrige desvios; destaca a importância de estruturar e avaliar as ações corretivas e preventivas dentro de um Sistema de Gestão, bem como fundamenta as conclusões e decisões internas (Bidin, 2013).

Bidin (2013) sugere a importância da aplicação do método PDCA como uma alternativa para o desenvolvimento da auditoria contínua. Segundo Periad (2011), a importância desse método reside em ser uma ferramenta de gestão que visa otimizar processos. Ele funciona de forma cíclica e pode ser utilizado para vários processos dentro de uma organização, conforme apresentado na figura a seguir:

Figura 1

Ciclo PDCA

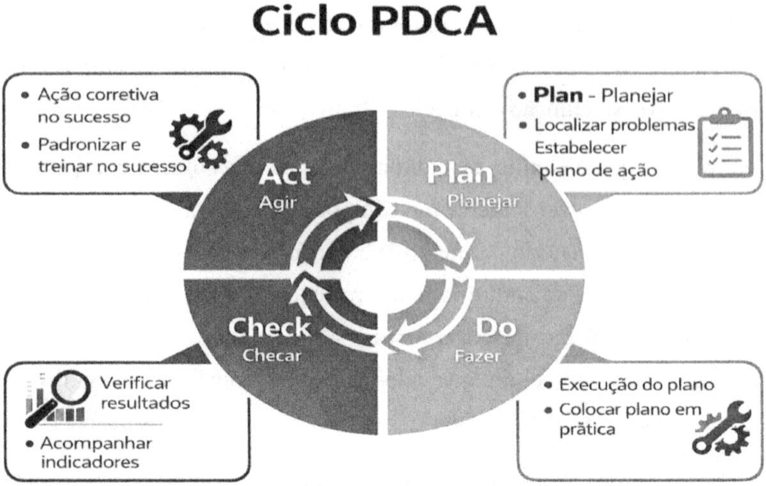

Fonte: Autora

Ao aplicar o ciclo PDCA dentro de uma auditoria contínua, a organização não apenas avalia sua conformidade e eficácia, mas também cria um ciclo de feedback que impulsiona a melhoria constante dos processos, garantindo uma resposta ágil às necessidades e desafios emergentes (Moen & Norman, 2010).

Planejamento (Plan): Na fase inicial da auditoria contínua, a equipe de auditoria identifica um problema recorrente ou uma oportunidade de melhoria dentro dos processos da organização. Isso pode surgir a partir de análises de dados anteriores ou feedback de colaboradores e clientes. Após essa identificação, objetivos claros e mensuráveis são definidos, como reduzir erros em um processo específico ou aumentar a eficiência em um serviço. Um plano de ação é elaborado neste momento, detalhando as auditorias a serem realizadas, as equipes responsáveis, os recursos necessários e os prazos para cada atividade.

Execução (Do): Com o plano de ação em mãos, a equipe inicia a execução das auditorias seguindo as diretrizes estabelecidas. Durante essa fase, são coletados dados e informações sobre o desempenho dos processos auditados fazendo-se uso de métodos como entrevistas, análises documentais e observações diretas. Essa coleta de dados é fundamental para garantir que a auditoria reflita a realidade da organização e forneça uma base sólida para a próxima etapa.

Verificação (Check): Após a execução das auditorias, a equipe analisa os dados coletados e compara os resultados obtidos com os objetivos estabelecidos na fase de planejamento. O gestor de auditoria verifica se as práticas estão em conformidade com as políticas e os procedimentos definidos e identifica quaisquer desvios, falhas ou oportunidades de melhoria. Essa análise crítica é essencial para que se possa entender a eficácia das ações realizadas e fornecer um diagnóstico preciso sobre a situação dos processos auditados.

Ação (Act): Com base na análise realizada, o gestor toma decisões sobre as medidas corretivas necessárias para abordar as falhas identificadas durante a auditoria. Se algumas práticas se mostraram eficazes, essas ações podem ser padronizadas e integradas aos processos normais da organização. Além disso, as lições aprendidas e as boas práticas são documentadas e disseminadas entre as equipes. O ciclo PDCA é reiniciado com novos objetivos de melhoria a serem estabelecidos, promovendo, dessa forma, um ambiente de melhoria contínua.

Diversos autores defendem, como Johnson et al (2023), a importância do feedback para a organização, pois ele permite perceber como as políticas da organização são recepcionadas pelos colaboradores, impactando em sua performance, ajudando a prevenir violações e demonstrando que existe compromisso com a ética. Outro fator que pode trazer impactos positivos é a abertura de Comitês de auditoria, que tem como propósito assegurar e implementar a adesão aos princípios da governança corporativa, transformando as informações obtidas nesses processos em dados que sejam mais equilibrados, íntegros, transparentes e dignos de confiança (Cavalcanti, 2021). Ademais, uma empresa com cultura de controle promovida pela abertura de um comitê de auditoria abre margens para denúncias, um mecanismo importante para a identificação de problemas (Khemakhem et al., 2023).

Não se trata somente da aplicação das funções de um comitê de auditoria, mas de como isso reverbera para toda a organização. A percepção positiva da existência de mecanismos que garantam o cumprimeito das regras e da existência de supervisão positiva do ambiente de compliance pode gerar um clima ético. Quando os colaboradores reconhecem que a empresa valoriza a integridade e a transparência, eles tendem a se sentir mais comprometidos e satisfeitos com o seu trabalho (Salomão, 2018). Isso, por sua vez, resulta em compreender que promover o engajamento é fundamental para garantir que os colaboradores se sintam satisfeitos, motivados e alinhados com o propósito da organização. Essa abordagem não só os incentiva a alcançar seu máximo potencial, mas também gera benefícios significativos para a organização, resultando em melhores resultados e uma cultura organizacional mais forte (Furbino, 2024).

Portanto, fica evidente que o papel do comitê de auditoria vai além de suas funções de monitoramento e supervisão. Há uma extrapolação do ambiente de cultura e controle que não podem ser menosprezados. Por isso, é preciso que o comitê de auditoria seja aceito e respeitado dentro da empresa. Isso reforça a ideia de que somente quando um comitê de auditoria tem força e legitimidade, ele consegue atuar como um mecanismo de governança mais efetivo (Cohen et al., 2002).

De forma geral, a auditoria contínua fomenta uma cultura organizacional ética e responsiva. Primeiro porque a cultura voltada aos controles faz que suas auditorias tenham maior qualidade (Jenkins et al., 2008); segundo porque uma cultura de controle faz que as pessoas tenham mais cuidado e zelo nas suas atividades rotineiras.

Adicionalmente, é sabido que as empresas que conseguem melhor seguir as recomendações dos comitês de auditorias tendem a ter divulgação de resultados, especialmente as financeiras, de melhor qualidade (Garcia-Blandon et al., 2018). Isso significa que as empresas que respeitam as atividades da auditoria e seguem as suas sugestões têm benefícios oriundos de uma melhor adequação às normas de compliance. A isso se deve a importância dos relatórios de auditoria terem informações significativas e não se limitarem a simbolismos organizacionais de controle (Al-Shaer et al., 2022). É importante, desta forma, que haja transparência e lisura por parte dos comitês de auditoria tanto nas suas ações como na elaboração de relatórios, uma vez que a auditoria interna desempenha um papel capaz de detectar falhas e sugerir melhorias que elevem a eficiência operacional (Pinto, 2023).

Por fim, ao se refletir sobre a relevância da auditoria para o compliance das organizações, é importante que se considere também os incentivos para a equipe da auditoria. Afinal, o incentivo deve ser para esses profissionais identificarem problemas e oportunidades de melhoria. No entanto, pode existir um sistema de incentivos e avaliação de desempenho que oriente esses profissionais para outros objetivos. Ou seja, podem existir incentivos para que eles se comportem de forma oportunista ou desobedecendo às próprias regras de mercado (Michael & Williams, 2018). Além disso, os objetivos desses profissionais podem ser destoantes dos objetivos das áreas operacionais, de forma que se crie um mecanismo de ganha-perde toda vez que o profissional de auditoria realiza seu trabalho com eficácia. É preciso, portanto, contar com um sistema de incentivos adequado aos profissionais de auditoria, capaz de fazê-los trabalhar dentro das normas éticas e colaborando em manter um ambiente de controle na empresa.

Por fim, deve-se lembrar da auditoria contínua como meio não apenas para se checar os processos operacionais da empresa, mas também para auditar as próprias atividades de compliance (Thottoli, 2021). Isto é, garantir que as ações de compliance estejam sendo feitas de forma efetiva e que os controles estejam adequadamente implementados na organização. A auditoria deve ter um papel de garantia de que todos os processos estão sendo efetivamente realizados, inclusive os próprios processos de controle.

Portanto, pode-se dizer que, quando esses fatores estiverem presentes, haverá maior garantia para a eficácia das política, e para se promover um clima ético, capaz de melhorar a satisfação e o comprometimento dos colaboradores. Além disso, organizações que investem nesses processos, consequentemente, posicionam-se de maneira mais competitiva no mercado a partir do desenvolvimento de uma cultura organizacional sólida e ética.

Diversidade e inclusão

Nos últimos anos, a diversidade e a inclusão tornaram-se pilares essenciais para o sucesso das empresas. Esses conceitos vão além da responsabilidade social corporativa, refletindo as expectativas crescentes dos consumidores, que valorizam organizações comprometidas em criar ambientes de trabalho inclusivos e respeitosos. Dentro desse contexto, o pilar de compliance relacionado à diversidade e inclusão é relevante para garantir que as iniciativas sejam genuínas e sustentáveis ao longo do tempo, em vez de meras formalidades. Organizações que estimulam diversidade e inclusão são mais propensas a atrair e reter talentos, o que faz que haja não apenas desempenho financeiro superior da empresa, mas também a redução de erros e a diminuição de riscos (Janes & Harvey, 2022).

Um aspecto primordial do compliance nesse pilar é garantir que as políticas não se limitem apenas à contratação de uma força de trabalho diversa, mas também assegurem a criação de um ambiente acolhedor e seguro. É fundamental que as empresas implementem práticas que promovam a inclusão de todos os colaboradores, independentemente de suas origens, etnias ou identidades. Um ambiente que valoriza a diversidade não só melhora o clima organizacional, mas também contribui para a redução da rotatividade, fortalecendo a inclusão real. Isso se explica porque, quando existe uma equipe diversificada, surge a necessidade de construir confiança entre as pessoas para que se crie uma força de trabalho engajada e para incentivar uma cultura na qual os funcionários se sintam capacitados para relatar comportamentos antiéticos (Stinson-Da Cruz, 2020). A diversidade traz a necessidade de se construir laços de controle social que regulam o próprio grupo.

A inclusão autêntica traz benefícios tangíveis, como o aumento do moral dos funcionários, a estimulação da criatividade e o fortalecimento da competitividade nos negócios. A diversidade de perspectivas e experiências enriquece a tomada de decisões e impulsiona a inovação. No entanto, é essencial que iniciativas como essas sejam proativas e não reativas, evitando que se tornem respostas superficiais a tendências passageiras ou crises de imagem.

As organizações devem entender as necessidades de seus colaboradores e implementar programas que abordem essas demandas, criando um ambiente corporativo verdadeiramente inclusivo.

Além disso, o compliance assegura que as expectativas contemporâneas sejam atendidas de forma autêntica. Ao estabelecer diretrizes claras e monitorar o seu cumprimento, as empresas podem criar um espaço seguro e acolhedor para todos. Isso não apenas melhora a reputação da organização, mas também a posiciona como uma líder em um mercado global cada vez mais diversificado e exigente.

Dentro desse contexto, é fundamental ressaltar que a construção de uma cultura organizacional verdadeiramente inclusiva passa pela valorização de todos os papéis, o da mulher entre eles. Além de todos os outros fatores dessa discussão, falar sobre a inclusão da mulher é importante e isso deve ser tratado dentro das organizações.

Historicamente, certos setores e funções foram associados a homens, criando a percepção de que mulheres não seriam adequadas para esses papéis. Essa visão não só é injusta, mas também prejudica as organizações, que perdem a chance de se beneficiar da diversidade de talentos, perspectivas e experiências que as mulheres podem trazer. Ao valorizar as habilidades e os conhecimentos das mulheres, as organizações podem fomentar um ambiente de trabalho mais dinâmico e inovador.

As organizações precisam ir além de simples declarações de apoio à diversidade; elas devem, efetivamente, reconhecer e valorizar as contribuições das mulheres em todas as áreas e níveis. Isso implica desafiar os estereótipos de gênero que frequentemente restringem as oportunidades disponíveis para elas. Ao promover um ambiente que celebra a diversidade de experiências e perspectivas, as empresas não apenas enriquecem sua cultura, mas também se tornam mais inovadoras e competitivas. Essa abordagem garante que todas as vozes sejam ouvidas e respeitadas, contribuindo para um ambiente de trabalho mais produtivo e respeitoso.

Ao reconhecer e apoiar o papel das mulheres, as organizações não promovem apenas a justiça social, elas também se tornam mais resilientes, aproveitando todo o potencial de sua força de trabalho. Essa mudança de mentalidade é um passo vital rumo a uma cultura organizacional que valoriza a diversidade e promove a inclusão, beneficiando a todos, independentemente de gênero.

Para isso, as organizações precisam implementar políticas que garantam a igualdade de oportunidades e incentivem a presença feminina em todos os níveis. Isso inclui promover iniciativas de treinamento para desconstruir preconceitos de gênero, criar programas de mentoria que ajudem mulheres a avançar em suas carreiras e estabelecer critérios de avaliação de desempenho que sejam justos e transparentes.

De acordo com Lec (2020), para que as empresas possam realmente implementar a inclusão no cotidiano, é essencial que desenvolvam as seguintes estratégias:

- **Recrutamento Justo:** Adotar práticas de recrutamento que garantam a equidade, como a análise anônima de currículos e entrevistas cegas, a fim de se evitar preconceitos durante o processo de seleção.

- **Valores Organizacionais:** Integrar a diversidade e a inclusão nos valores fundamentais da empresa, assegurando que essas questões sejam parte da cultura organizacional.

- **Tratamento Justo:** Promover um ambiente no qual todos os colaboradores sejam tratados de forma justa e respeitosa, independentemente de suas características pessoais.

- **Promoção do Respeito:** Buscar ativamente maneiras de fomentar um clima de respeito e aceitação, incentivando a valorização da diversidade em todas as suas formas.

Em síntese, a construção desse pilar gera um futuro empresarial robusto para as empresas que o adotam. À medida que essas organizações se adaptam às mudanças nas expectativas sociais e nas dinâmicas do mercado, a integração eficaz de práticas de diversidade e inclusão nas estratégias corporativas não apenas promove um ambiente de trabalho mais justo, mas também impulsiona o crescimento e a sustentabilidade a longo prazo. Sobretudo, essas práticas demonstram um verdadeiro compromisso com a comunidade que atendem, criando bases sólidas para um futuro mais inclusivo e próspero.

ELEMENTOS QUE MOLDAM A INTENÇÃO DE CONFORMIDADE ORGANIZACIONAL

A intenção dos colaboradores em seguir normas de compliance não se forma de maneira isolada, tampouco se limita à simples obediência a regras formais. Ela é influenciada por diferentes aspectos do ambiente organizacional e pelas experiências vividas no cotidiano de trabalho. Elementos como o comprometimento com a organização, a satisfação no trabalho, o clima ético e a percepção acerca da existência e clareza das regras contribuem para moldar atitudes, valores e comportamentos. Quando esses fatores estão alinhados, cria-se um contexto no qual o compliance deixa de ser apenas uma exigência normativa e passa a representar um compromisso consciente com práticas éticas, com a integridade organizacional e com os objetivos estratégicos da empresa.

Comprometimento

O comprometimento é uma característica individual de cada colaborador, o qual adquire de seu líder segurança e orientações claras e necessárias para que alcance esse nível de comprometimento (Júnior & Galelli, 2021). Além disso, de maneira geral, o ser humano tem necessidade de se sentir valorizado e isso faz que ele consiga se envolver com os objetivos da empresa sem perder a sua essência, a sua crença.

A abordagem de Meyer et al. (1993) acerca do comprometimento é apresentada em três dimensões amplamente reconhecidas: afetiva; instrumental ou de continuidade; normativa. É uma abordagem que vai além de uma perspectiva tradicionalista e considera questões do estado psicológico do indivíduo (Carneiro da Cunha, 2011).

A primeira dimensão é o comprometimento afetivo, que se relaciona ao fato de o colaborador ter apreço pela organização, sentindo-se valorizado, acolhido e, por isso, permanece trabalhando nela. O colaborador quer, de fato, envolver-se com os objetivos da empresa e contribuir para que sejam alcançados.

Outro fator é o comprometimento de continuidade ou instrumental (Medeiros & Enders, 1998). É o tipo de comprometimento que ocorre quando o colaborador prefere ficar na organização do que enfrentar os desafios do mercado de trabalho fora dela. Ele se compromete com a organização porque é melhor se manter empregado nela do que sair. É um conceito, muitas vezes, sobreposto ao entrincheiramento organizacional, isto é, a tendência do trabalhador a permanecer devido à avaliação acerca de sua empregabilidade, de suas alternativas fora da organização e dos custos associados à sua saída (Rodrigues et al., 2019).

Por fim, o comprometimento normativo, no qual o colaborador se identifica com a cultura da organização e quer permanecer ali, pois se sente valorizado, o ambiente lhe proporciona motivação. É o compromisso de que o colaborador tem de continuar atuando na organização para que ela não se desfalque e sofra com a sua eventual saída.

Em todos os tipos de comprometimento, o colaborador se compromete com a organização a ponto de permanecer nela, de forma que existe uma relação negativa entre os três tipos de comprometimento e a taxa de turnover (Guzeller & Celiker, 2020). Ou seja, o colaborador comprometido é mais propenso a permanecer na empresa. Se ele pretende continuar na empresa, é mais provável, portanto, que ele se mantenha dentro das normas estipuladas pela empresa, o que inclui as políticas de compliance.

Diante do exposto, espera-se que o indivíduo comprometido tenha um envolvimento com a organização (seja afetivo, instrumental ou normativo) e que, por isso, faça esforço para realizar suas atividades. Nesse caso, trata-se de alguém que acredita que seus esforços para se manter na empresa valem a pena. Ele luta pela sua continuidade na organização. Dessa forma, ele se compromete com aquilo que demandam dele, que é seguir com as normas e políticas de compliance, por exemplo. Além disso, espera-se que esse indivíduo seja um colaborador que queira seguir as normas de compliance porque isso pode ser bom para a organização; e se ela se tornar competitiva, manter-se-á no mercado, permanecendo, assim, suas chances de continuidade nela. Por fim, a partir da perspectiva da civilidade organizacional, esse colaborador tende a colaborar com a organização para que ela possa atingir seus objetivos estratégicos.

Diante do exposto, foi construída a seguinte hipótese.

H1: O comprometimento afetivo influencia positivamente a intenção do colaborador em seguir políticas de compliance.

Satisfação no trabalho

Para Locke (1969), a satisfação no trabalho corresponde a uma resposta ao estado emocional do indivíduo resultante da avaliação que ele faz sobre a compatibilidade entre as tarefas que desempenha, os seus valores pessoais e as condições oferecidas pelo ambiente de trabalho. Essa satisfação profissional ocorre à medida que tais preferências se materializam no cotidiano organizacional, produzindo contentamento no indivíduo, que passa a se perceber como parte ativa do processo de trabalho e beneficiário das condições proporcionadas pela organização. Nesse contexto, a satisfação no trabalho influencia atitudes e comportamentos, favorecendo maior envolvimento, cooperação e disposição para agir de forma alinhada às expectativas e normas organizacionais.

Estudos já identificaram que, quanto maior é a satisfação do indivíduo em relação ao trabalho, menor é a taxa de rotatividade (Campos & Malik, 2008).

Ou seja, quanto mais satisfeito o colaborador está, maior é a sua intenção em se manter no emprego. Isso pode apontar para uma situação na qual existe a intenção do colaborador de seguir as normas exigidas pela empresa para se manter empregado.

Isso pode se explicar, primeiramente, porque a satisfação do empregado está relacionada com o civismo na organização (Torlak et al., 2021) ou cidadania organizacional, que é o comportamento do colaborador de seguir normas, valores e práticas da organização. A meta-análise de Organ e Ryan (1995) já mostrava que, no caso de empregados de posições não gerenciais, a satisfação no trabalho tende a ser um preditor de civismo nas organizações melhor que outras variáveis como o comprometimento afetivo, por exemplo. Inclusive, é por isso que estudos já identificaram que, quando existe o capital humano (espaço para opiniões, ideias e iniciativas e confiança entre as pessoas), isso está relacionado com a satisfação no trabalho (Leal et al., 2015). Isso mostra que a satisfação do trabalho pode ser um bom preditor de um comportamento do colaborador favorável à organização, como é o civismo organizacional.

Isso implica, também, na ideia de que, quando o colaborador segue as orientações de sua gerência, há o reflexo da sua satisfação no trabalho. Isto é, quando o colaborador opta por não seguir as orientações e sugestões do seu chefe direto, existe uma relação negativa com a satisfação no trabalho (Roberts & David, 2020). Isso mostra que deve existir uma relação positiva entre a satisfação no trabalho e a intenção em seguir normas sugeridas pela gerência como é o caso das normas de compliance.

Por fim, tem-se que sistemas de controle de desempenho do funcionário que sejam habilitantes, isto é, que estimulem que os empregados tenham autonomia e responsabilidade, estão relacionados com a satisfação no trabalho (Souza & Beuren, 2018). Diferentemente de sistemas que sejam coercitivos, sistemas habilitantes podem ter um efeito positivo na satisfação do trabalho do indivíduo. Isso mostra que sistemas de controle, como podem ser os sistemas de compliance, podem estar ligados à satisfação do trabalho se forem feitos de forma habilitante.

Adicionalmente, estudos prévios já demonstraram que a existência de compliance na organização não tem uma relação direta significativa com o engajamento do colaborador, a menos que haja a mediação da satisfação no trabalho (Azim et al., 2020). Isso mostra a importância da satisfação no trabalho para os efeitos no compliance da organização. É ela que parece ter uma forte relação com a intenção de seguir políticas de compliance.

Por fim, de fato, estudos já identificaram uma relação significativa entre a satisfação no trabalho do colaborador e sua intenção de seguir normas de compliance, todavia, esse resultado ainda é inconclusivo porque isso depende da posição, da senioridade e da indústria na qual esse indivíduo trabalha (D'Arcy & Greene, 2014). Dessa forma, faz-se necessário que haja mais análises aprofundadas sobre essa temática. Diante do exposto, a expectativa é de que a satisfação no trabalho esteja positivamente relacionada com a intenção do colaborador em seguir as normas de compliance da organização.

Além disso, espera-se também que a satisfação no trabalho tenha efeitos sobre o comprometimento do colaborador, mais especificamente, o comprometimento afetivo. De fato, existem estudos que abrangem essa complexidade trazendo esses dois construtos em um mesmo modelo (Hassi, 2019). Todavia, espera-se que a satisfação no trabalho e o comprometimento do colaborador possam estar associados entre si. Estudos realizados fora do Brasil já demonstraram existir uma relação positiva entre a satisfação com o salário e o comprometimento afetivo (Yew, 2008) e também entre a satisfação com o trabalho e o comprometimento afetivo (Alnıaçık et al., 2012). Diante disso, espera-se que isso possa se repetir também no Brasil.

Diante do exposto, propõem-se as hipóteses a seguir a partir da satisfação no trabalho.

H2a: A satisfação no trabalho do indivíduo está positivamente relacionada a sua intenção de seguir as normas de compliance da empresa.

H2b: A satisfação no trabalho do colaborador está positivamente relacionada ao seu comprometimento afetivo.

Clima Ético

Sabe-se que o comprometimento afetivo se refere ao apego emocional e identificação de um colaborador com sua organização (Meyer & Allen, 1991). A partir dessa ideia, propõe-se que a percepção de um clima ético no ambiente de trabalho pode influenciar positivamente o comprometimento afetivo dos colaboradores. Isso se sustenta pelo fato de que existe uma relação comprovada entre o clima ético e o comprometimento afetivo (Demirtas & Akdogan, 2015). Ou seja, quando os funcionários percebem a organização como ética, e assim é o clima organizacional, eles desenvolvem um vínculo emocional mais forte com essa organização.

Além do comprometimento afetivo, o clima ético pode ter outros efeitos na empresa. Um deles é a intenção em seguir políticas de compliance. Isto é, quanto mais o clima de uma empresa é orientado às ações e atitudes éticas, mais se espera que os colaboradores sigam regras de boa conduta, especialmente, de compliance. Isso porque o processo de divulgação das normas e procedimentos promovidos pela organização favorece o clima ético de seus colaboradores (Morris, 1998). O desafio não está apenas na divulgação. O papel do gestor em acompanhar o cumprimento das normas também tem sido bastante explorado.

Sabe-se que um clima organizacional benevolente e orientado a princípios tem relação positiva com comportamentos de segurança nas empresas (Parboteeah & Kapp, 2008). Por trás dessa ideia de seguir padrões de segurança está a ideia de que o indivíduo segue padrões de compliance de segurança quando existe um clima de cooperação entre as pessoas. A participação das pessoas em regras de compliance de segurança é resultado de um clima ético (Kapp & Parboteeah, 2008).

O clima ético é amplamente percebido quando existe o princípio da congruência entre os stakeholders e os colaboradores (Arruda & Navran, 2000). Inclusive, o clima ético que uma empresa constrói serve como inibidor aos seus stakeholders para ações antiéticas (Nakamura et al., 2019). Ou seja, o ambiente ético externo pode ser um propulsor do clima ético interno. No entanto, o clima ético deve ser visto tanto externamente quanto internamente.

Do ponto de vista interno, estudos já demonstraram que o colaborador pode agir com determinado comportamento quando ele percebe que existe um ambiente que todos atuam dessa forma na empresa onde trabalha. Por exemplo, a percepção de um trabalho que requer inovação faz com que o colaborador tenha um comportamento inovador na sua rotina de trabalho (Shin et al., 2017). Dessa forma, espera-se o mesmo em relação à percepção sobre o ambiente de compliance. Quando existe a percepção do colaborador de que ele trabalha em uma empresa que tem grandes aparatos de compliance, ele passa a agir de forma mais cuidadosa e alinhada às expectativas do compliance. É o que se chama de perspectiva de sensemaking ou perspectiva que "faz sentido".

Nesse sentido, há pesquisas que já identificaram que a existência de um clima ético está relacionada com a intenção dos indivíduos que trabalham na empresa em seguir políticas de compliance. Isso se justifica porque um clima ético na organização evita práticas e atos que podem prejudicar a gestão da empresa (Helou, 2018). As normas implícitas de transparência e ética criadas por esse ambiente são formas de evitar que comportamentos oportunistas e antiéticos sejam realizados.

Quando existe discrepância entre o comportamento do colaborador e do grupo (organização), esse indivíduo pode passar por grande estresse ou pode, ainda, atuar com displicência em relação à sua congruência com o grupo (Victor & Cullen, 1988).

O clima ético da empresa está, então, ligado à cultura organizacional. Quando a empresa tem uma abordagem de cultura orientada aos valores da empresa, a gestão do compliance da empresa funciona melhor (Treviño et al., 1999).

Quando existe maturidade da cultura organizacional é mais provável que a empresa consiga transformar regras e instrumentos em um clima ético sustentado por integridade, confiança e valores (Manning, 2020). Essa maturidade é capaz de reforçar os valores que sustentam a cultura organizacional e fazer com que o clima ético da empresa seja mais incisivo sobre o comportamento dos indivíduos.

Dessa forma, espera-se que quando exista a percepção de um clima ético na empresa, exista também a intenção do indivíduo em seguir as políticas de compliance da empresa. Considerando que a intenção de seguir normas de compliance está relacionada com a satisfação no trabalho, espera-se que possa existir também essa relação, que é a percepção de clima ético que afeta positivamente a satisfação no trabalho.

Isso se justificaria porque o colaborador se sentiria em um local mais justo e idôneo, o que o deixaria mais satisfeito com o trabalho, uma vez que injustiças não ocorreriam com ele. Em ambientes como, por exemplo, os hospitalares, já se identificou existir uma série de estudos que atestam que um clima ético gera satisfação no trabalho (Ozdoba et al., 2022). Essa relação também já foi verificada de forma mais genérica em estudo realizado com gestores nigerianos, reforçando existir uma forte relação entre o clima ético e as diferentes facetas da satisfação no trabalho (Okpara & Wynn, 2008). Desta forma, é esperado que esse resultado se repita também no cenário brasileiro e entre gestores e empregados operacionais. Espera-se que se possa desenvolver uma hipótese entre a percepção de clima ético e a satisfação no trabalho.

A partir daí, sugerem-se as hipóteses de efeitos gerados pela percepção de clima ético.

H3a: A percepção de clima ético na organização pelo colaborador impacta positivamente o comprometimento afetivo.

H3b: A percepção de um clima ético na organização pelo colaborador afeta positivamente sua intenção de seguir as políticas de compliance dessa empresa.

H3c. A percepção de clima ético na organização pelo colaborador está positivamente relacionada com a sua satisfação no trabalho.

Percepção de existência de regras

Os programas de incentivo à ética estabelecidos pelas empresas geram interesse nos colaboradores em buscar uma conduta íntegra (Weaver & Trevino, 1999 apud Hu et al., 2012). Isso porque, no ambiente de trabalho, as pessoas costumam fazer aquilo que é posto em vigor, ou seja, aquilo que é determinado pela liderança (Hu et al., 2012).

Um colaborador que convive em um ambiente íntegro, no qual as regras e as normas são seguidas por todos os níveis hierárquicos e no qual haja incentivos para que todos estejam engajados na construção de boas práticas, certamente vai se sentir motivado a fazer parte dessa ambiência. Além disso, os gestores podem influenciar os colaboradores a seguirem regras. O fato de a alta administração seguir as políticas da organização leva os colaboradores a seguirem também. No entanto, quando as regras são explícitas e escritas, os colaboradores tendem a segui-las ainda mais porque se tornam mais claras e compreensíveis.

Quando o indivíduo percebe essas regras, a tendência é que ele tenha orientações e incentivos para segui-las e, portanto, tenha a intenção de seguir também as políticas de compliance da organização. Espera-se, ainda, que a percepção da existência de regras possa deixar o colaborador inibido diante delas e com receio de cometer deslizes e desvios de conduta uma vez que ele pode perceber maior aparato de combate às ações de não-compliance. Afinal, quando existem sistemas de monitoramento dos colaboradores para identificar eventuais desvios de conduta frente às normas estabelecidas, os empregados tendem a ter a intenção de seguir as políticas de compliance (Amankwa et al., 2018).

Além de se esperar que haja efeito na intenção em se seguir regras de compliance, espera-se que a percepção de regras ajude o colaborador a entender que o clima da empresa seja ético. Afinal, se existem regras, elas supostamente devem existir para defender aquilo que é moralmente aceito e justo. É uma visão que entende o clima ético como uma norma social dentro da organização (Auzoult & Mazilescu, 2021) e, assim sendo, padrões morais têm um papel positivo nas políticas de compliance (Chen et al., 2019). Inclusive, estudos já identificaram que o clima ético fortalece as atitudes orientadas ao compliance nas organizações (Liu et al., 2022). Por isso, espera-se que a percepção da existência de regras tenda a se associar com a percepção de que há um clima ético na organização.

Diante disso, propõem-se as seguintes hipóteses baseadas nos efeitos da percepção de existência de regras:

H4a: A percepção de que existem regras afeta positivamente a intenção de seguir as políticas de compliance dessa empresa.

H4b: A percepção de que existem regras afeta positivamente o clima ético.

A figura 2 sintetiza o modelo proposto.

Figura 2

Modelo da pesquisa

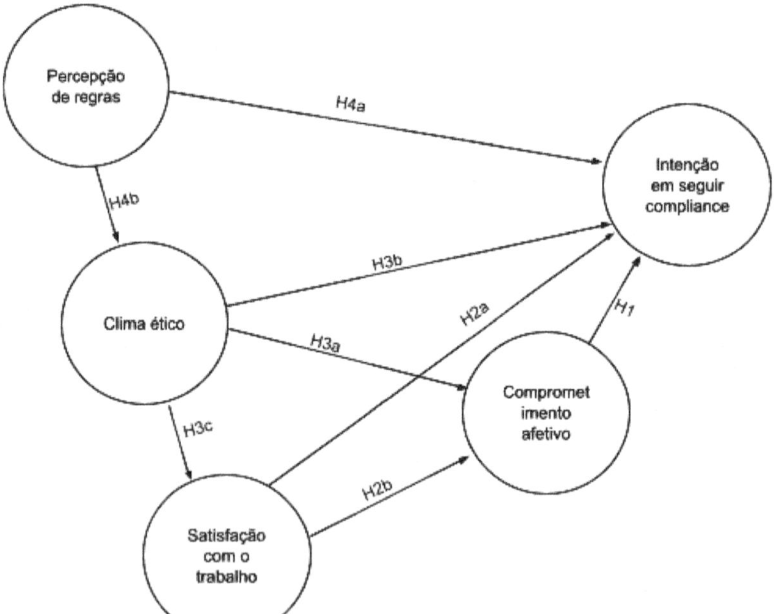

Fonte: Elaborado pela autora.

Assim, pode-se observar graficamente e sinteticamente as oito relações diretas propostas no modelo.

PROCEDIMENTOS METODOLÓGICOS

Essa seção é dedicada a apresentar e explicar o método empregado na pesquisa. Aqui, apresentam-se as justificativas pela escolha do método de pesquisa; as orientações para definição de amostra; a apresentação de escalas e mensuração dos construtos; a maneira pela qual os dados foram coletados; a forma pela qual os dados foram analisados; o conjunto de compromissos com a confidencialidade dos dados da pesquisa.

A ESCOLHA DO MÉTODO

O estudo que deu origem a esta obra foi realizado a partir da Modelagem de Equações Estruturais (MEE) ou StructuralEquationModeling (SEM). Foi feito, especificamente, o PLS-SEM (Partia Least Squares - Structural Equation Modelling) porque é uma técnica multivariada de dados que mensura o modelo antes de analisar a relação entre os construtos e vislumbrar o resultado dos testes de hipóteses (Hair et al., 2022). Além disso, é também uma ferramenta mais adequada para modelos complexos com diversas equações estruturais entre variáveis mensuradas, especialmente em contextos que podem ter uma orientação exploratória para se estender a compreensão de teorias existentes (Hair et al., 2019).

Pode-se, inclusive, dizer que o PLS-SEM "se adequa muito bem em situações que a teoria que sustenta as relações causais ainda não tem grande 'sedimentação' e pode ser usada de forma mais 'exploratória'" (Bido & Silva, 2019, p.489). Ou seja, é uma forma de buscar uma melhor compreensão de relações que são bem conhecidas, mas que podem ter minúcias e detalhes a serem revelados quando estão em um sistema de relações mais amplo e complexo, como é o caso deste estudo.

MENSURAÇÃO DOS CONSTRUTOS

A tradução das escalas originalmente em inglês foi feita por back-to-back translation, tal como sugerido por Klotz et al. (2023). Ou seja, as escalas que estavam originalmente em inglês foram traduzidas para o português e depois traduzidas novamente para o inglês. A intenção foi comparar as duas versões em inglês para garantir que não houvesse perda de sentido no processo de tradução. Ao final da versão traduzida, ainda houve uma checagem de semântica das questões de pesquisa com um potencial respondente para garantir que elas fossem compreensíveis aos respondentes da pesquisa.

O resultado desta etapa pode ser encontrado na tabela 1.

Tabela 1

Questões do instrumento de pesquisa

Construto	**Referências**	**Questões das escalas originais**	**Questões traduzidas a serem utilizadas**
Climaético	Yazdanmehre Wang (2016)	Everyone is expected to stick by company rules and procedures	Espera-se que todos na minha empresa sigam as normas e procedimentos da companhia
		Successful people in this company strictly obey the company policies	As pessoas que têm mais sucesso na minha empresa obedecem às políticas da empresa
		It is very important to follow strictly the company's rules and procedures here	É muito importante seguir rigidamente as regras e procedimentos na minha empresa

Percepção de existência de regras	*Hu et al. (2012)*	*Are instructions written down?*	*As instruções para realização dos processos e atividades estão formalizadas e escritas (ajuste a partir da pergunta)*
		Are jobs performed according to defined procedures?	*As funções são desempenhadas de acordo com os procedimentos definidos (ajuste a partir da pergunta)*
		Do the management follow the rules themselves?	*Os diretores da minha empresa seguem as regras da companhia (ajuste a partir da pergunta)*

Intenção de seguir políticas de compliance	*Herathe Rao (2009b)*	*I am likely to follow organizational security policies*	*É provável que eu sempre siga as políticas internas da minha empresa*
		It is possible that I will comply with organizational IS security	*É possível que eu cumpra com as políticas da minha*
		Policies to protect the organization's Information systems	*Empresa para proteger a própria empresa*
		I am certain that I will follow organizational Security policies	*Certamente eu vou seguir as políticas da minha empresa*

Segurança psicológica	*Hu et al. (2018)*	*I can express my true feelings regarding my job*	*Na minha empresa eu posso expressar meus reais sentimentos sobre meu trabalho*
		I can freely express my thoughts	*Na minha empresa eu posso livremente expressar meus pensamentos*
		Expressing your true feelings is welcomed	*Na minha empresa as pessoas sentem-se bem-vindas a expressar suas reais percepções*

Comprometimento afetivo	Medeiros e Enders (1998) adaptado de Meyer e Allen (1991)		Eu realmente sinto os problemas da organização como se fossem meus
			Esta organização tem um imenso significado pessoal para mim
			Esta organização merece minha lealdade.
			Na situação atual, ficar com minha organização é na realidade uma nessidade tanto quanto um desejo.
			Eu seria muito feliz em dedicarorestodaminhacarreiranestaorganização.
Comprometimento normativo			Eu não deixaria minha organização agora porque eu tenho uma obrigação moral com as pessoas daqui.

			Eu me sentiria culpado se deixasse minha organização agora.
			Mesmo se fosse vantagem para mim, eu sinto que não seria certo deixar minha organização agora
			Eu devo muito a minha organização
Comprometimento instrumental			Se eu decidisse deixar minha organização agora, minha vida ficaria bastante desestruturada.
			Eu acho que teria poucas alternativas se deixasse esta organização.
			Mesmo se eu quisesse, seria muito difícil para mim deixar minha organização agora.

			Uma das poucas consequências negativas de deixar esta organização seria a escassez de alternativas imediatas
Satisfação no trabalho	*Adaptadode-Martins e Santos (2006)*		*Estou satisfeito(a) com o reconhecimento profissional*
			Estou satisfeito(a) com a utilidade social do meu trabalho
			Estou satisfeito(a) com o suporte que recebo da empresa
			Estou satisfeito(a) com os relacionamentos que tenho com as pessoas do meu trabalho
			Estou insatisfeito(a) com a falta de suporte que recebo
			Estou insatisfeito(a) com a carga de trabalho que tenho

Fonte: Elaborado pela autora a partir da adaptação das escalas da pesquisa (Herath & Rao, 2009b; Medeiros & Enders,1998; Martins & Santos, 2006; Yazdanmehr & Wang, 2016; Hu et al., 2012).

A tabela 2 apresenta uma síntese da quantidade de itens e fonte bibliográfica de cada um dos construtos considerados no modelo desta pesquisa.

Tabela 2

Mensuração dos construtos da pesquisa

Construto	***Variável***	***Qtde itens***	***Referência***
Intenção de seguir políticas de compliance	*Variável dependente*	*3*	*Herath e Rao (2009b)*
Comprometimento organizacional	*Variável independente*	*13*	*Medeiros e Enders (1998)*
Satisfação no trabalho	*Variável independente*	*6*	*Martins e Santos (2006)*
Clima ético	*Variável independente*	*3*	*Yazdanmehre Wang (2016)*
Percepção de existência de regras	*Variável independente*	*3*	*Hu et al. (2012)*
Idade	*Variável descritiva*	*1*	
Gênero	*Variável descritiva*	*1*	
Renda familiar	*Variável descritiva*	*1*	
Tempo de profissão	*Variável descritiva*	*1*	
Tempo de empresa	*Variável descritiva*	*1*	

Cargo gerencial	Variável descritiva	1	

Fonte: Elaborado pela autora.

A partir das escalas validadas utilizadas neste estudo e das traduções realizadas, foi possível mensurar os construtos propostos no modelo de pesquisa. Com isso, é factível que se tenha não somente a medida para cada construto, mas também que se construa uma base de dados que permita a sua tabulação e, posteriormente, a sua análise multivariada.

COLETA DE DADOS

A coleta de dados foi realizada por meio de questionário online. As questões das escalas foram colocadas na plataforma Google Forms. Junto a essas questões, foram adicionadas perguntas demográficas aos respondentes: (a) idade; (b) gênero; (c) renda familiar mensal; (d) cidade e estado onde trabalha; (e) tempo de trabalho no mercado; (f) tempo de trabalho na atual empresa; (g) se ocupa posição de liderança. Vale ressaltar que nenhum dado pessoal que seja capaz de identificar o respondente foi solicitado.

Os dados são apresentados de forma randomizada para evitar eventuais efeitos de carryover. Ou melhor, considerando que o respondente pode ser influenciado em suas respostas pela ordem que as questões são apresentadas (Tourangeau et al., 1989), pretende-se minimizar esse efeito a partir da randomização das perguntas. Por isso, embaralhou-se as questões do instrumento de pesquisa, e também para garantir que o respondente não compreenda o objetivo da pesquisa (o que é comum quando se apresenta todos os itens das variáveis dependentes e independentes de forma separada).

Adicionalmente, por se tratar de um estudo realizado a partir de questionários autoadministrados, existe o risco do common method bias ou viés de método comum (Moriuchi, 2019). Por isso, realizou-se o teste do common method bias por meio do fator único de Harman (1967), no qual se realizou uma análise fatorial exploratória de todas as variáveis do estudo em um único fator para verificar se elas têm relação entre si. Dessa forma, obteve-se um valor do fator único menor que 0,50, o que demonstrou não haver viés de método comum (Podsakoff & Organ, 1986).

Antes da divulgação do link para os potenciais respondentes, houve um teste do instrumento de pesquisa. O primeiro passo do texto foi adequar o instrumento de pesquisa para a realidade mais generalizada, ajustando-os a partir de contextos setoriais os quais eles tinham sido aplicados nas referências nas quais as escalas foram obtidas.

Além disso, houve a checagem da tradução back-to-backtranslation. Isto é, garantiu-se que existia uma adequação das questões do ponto de vista semântico, isto é, se potenciais respondentes conseguem compreender a que cada questão se refere e se não existem palavras que possam gerar algum tipo de confusão de interpretação. É fundamental que o questionário esteja ao nível de compreensão do respondente (Forza, 2002). Além disso, foi verificado se não existia alguma questão do instrumento que os fizesse se sentir desconfortáveis ou constrangidos.

Por fim, vale esclarecer que a amostra é não probabilística. Isto é, os indivíduos que foram abordados para a participação na pesquisa não foram selecionados de maneira estritamente aleatória uma vez que os convites para participação na pesquisa foram realizados a partir das redes de contato da pesquisadora. Houve, naturalmente, um viés na escolha dessa amostra.

Para o cálculo da amostra mínima para a pesquisa, utilizou-se o software G*Power. Seguiram-se os critérios e recomendações de Ringle et al. (2014) para parâmetros do G*Power utilizados em estudos de regressões lineares. Isto é, os critérios para o effectsize f2, α errprob, Power (1 – β errprob) do G*Power foram seguidos conforme recomendação de Ringle et al. (2014). O resultado (demonstrado na figura 3) trouxe como amostra mínima para este estudo 85 respondentes. Como a pesquisa contou com uma amostra final de 94 respondentes (após depuração dos dados coletados), a quantidade da pesquisa superou o que se previa pelo G*Power.

Figura 3

Cálculo da amostra conforme G*Power

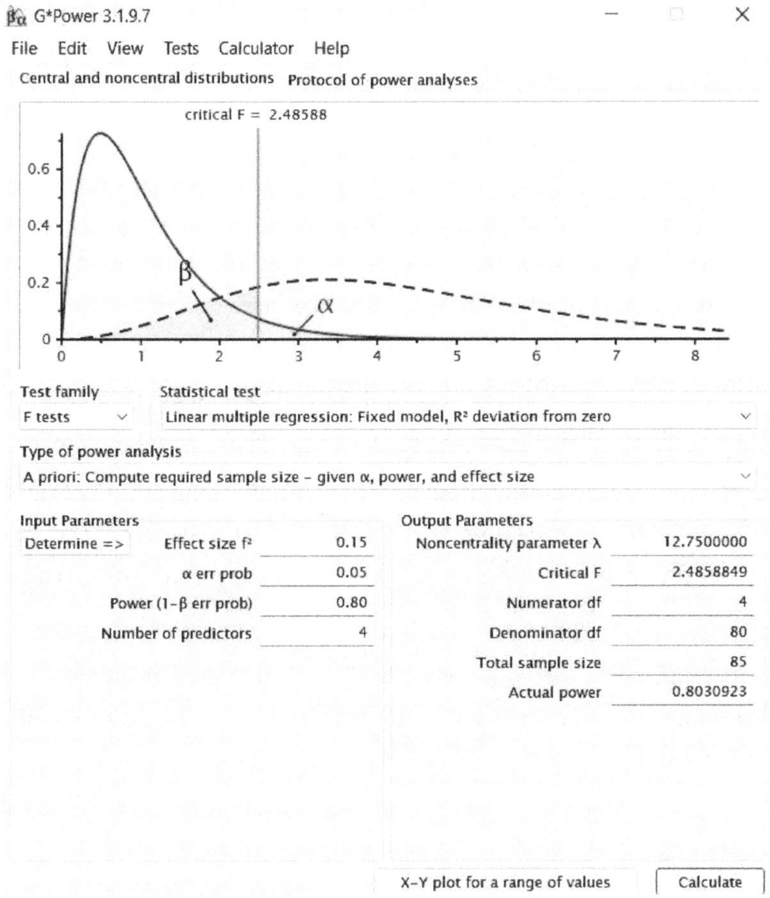

Fonte: Output do G*Power 3.1.9.7.

ANÁLISE DE DADOS

A análise de dados desta pesquisa foi realizada em três fases: (1) depuração dos dados; (2) mensuração e análise do modelo estrutural; (3) análise de importância-desempenho das variáveis independentes. Para cada uma dessas fases, foram utilizadas técnicas específicas e softwares adequados.

Na primeira fase, ocorreu a depuração dos dados. Os dados foram tabulados conforme as unidades observacionais e suas respectivas respostas por meio do software Microsoft Excel, cujo processo é automatizado como output do Google Forms. Com a planilha em mãos, foi checada cada uma das respostas para verificação e uma primeira validação dos dados. Ou seja, respondentes que responderam todas as questões com o mesmo valor ou que responderam questões de forma irracional (por exemplo, idade muito superior a 100), que pode demonstrar um problema de digitação, foram excluídos da amostra. Depois disso, as primeiras análises de estatística descritiva (médias, medianas, distribuições percentuais, análise por quartis, dentre outras) foram realizadas com o apoio do Microsoft Excel.

O teste de multicolinearidadefoi feito a partir do cálculo do VIF (Variance Inflation Factor) de cada uma das variáveis do modelo na expectativa de que os valores pudessem ser abaixo de 5,0, tal como recomendado por Hair et al. (2018).

Por fim, vale ressaltar que as análises propostas para este estudo não têm fins comerciais, mas sim acadêmicos. Isso implica que os dados não foram nem serão repassados para indivíduos ou instituições que não estejam envolvidos diretamente na análise de dados da pesquisa. Os dados foram tratados de forma confidencial e apresentados de maneira agregada sem que seja possível identificar, especificamente, um dos respondentes da pesquisa e suas respectivas respostas.

ORIENTAÇÕES PARA CONFIDENCIALIDADE DOS DADOS

Os dados coletados na pesquisa não foram nem serão repassados para outras pessoas que não aquelas diretamente envolvidas na pesquisa e, especificamente, nos processos de análise dos dados. Portanto, os dados não foram compartilhados com outras pessoas. Além disso, nenhum dado coletado foi utilizado para outros fins que não os de pesquisa.

Vale ainda destacar que não existe, no instrumento de pesquisa, nenhum dado capaz de identificar o respondente. Não há dados pessoais como nome, e-mail, número de documento, telefone ou mesmo identificação de IP do respondente. Isso permite que não haja como as respostas possam ser relacionadas direta e explicitamente a um indivíduo.

TERMO DE CONSENTIMENTO

Foi adicionado um termo de consentimento esclarecido aos respondentes no próprio instrumento de pesquisa no Google Forms. Antes de acessar o questionário, o respondente teve de ler o termo de consentimento esclarecido e somente seguiu para as seções das questões após aceitar participar da pesquisa.

RESULTADOS

Neste capítulo, são apresentados os resultados obtidos a partir da análise dos dados coletados. Primeiramente, procedeu-se a caracterização da amostra com uma análise descritiva; depois apresentou-se o resultado do modelo de mensuração em duas rodadas (a segunda apresentado os ajustes conforme resultados da primeira); a subseção seguinte traz os resultados do modelo estrutural e das hipóteses de pesquisa; por fim, é apresentado o mapa de importância-desempenho para uma análise final do modelo, focando no carácter gerencial que se pode extrair do modelo teórico.

ANÁLISE DESCRITIVA DA AMOSTRA

A pesquisa foi realizada com 94 respondentes que aceitaram participar da pesquisa. Todos os participantes estão, atualmente, no mercado de trabalho, o que permite uma análise centrada em profissionais ativos. O estudo investigou diversas características, como: cargo, gênero, faixa etária, tempo de empresa, posição de liderança, renda, tempo de mercado e número de funcionários, com o objetivo de entender o perfil dos profissionais e suas interações com o mercado de trabalho. A figura 4 sintetiza esses dados.

Figura 4

Dados descritivos da amostra

Pergunta	Qt	%
Q02 – Gênero?		60,6%
Feminino	57	39,3%
Masculino	37	

Q03 – Faixa Etária?		
18 a 20 anos de idade	3	3,1%
21 a 30 anos de idade	21	22,3%
31ª 40 anos de idade	34	36,1%
41 a 50 anos de idade	29	30,8%
Acima de 60 anos	7	7,4%
Q04 – Tempo de Empresa		
Até 2 anos	36	38,2%
De 3 a 5 anos	12	12,7%
De 6 a 10 anos	17	18,0%
De 11 a 15 anos	13	13,8%
De 16 a 20 anos	10	10,6%
De 21 a 25 anos	6	6,8%
Q05 – Ocupa posição de Liderança		
Sim	42	44,6%
Não	52	55,3%
Q06 – Renda?		
Até 2 salários mínimo	9	9,57%
De 3 a 06 salários	28	29,78%
De 07 a 10 salários mínimos	25	26,59%
Acima de 10 salários Mínimo	32	34,04%
Q07 – Tempo de Mercado		
Menos de 1 ano	5	5,3%
De 01 a 05 anos	11	11,7%
De 06 a 10 anos	17	18,0%
De 11 a 15 anos	18	19,1%
De 16 a 20 anos	19	20,2%
De 21 a 25 anos	13	13,8%
De 26 a 30 anos	9	9,5%
Acima de 30 anos	2	2,1%

Q08 - Quantidade de Funcionários trabalhando atualmente na empresa		
Até 20 funcionarios	31	32,9%
De 21 a 100 funcionários	35	37,2%
Acima de 100 funcionários	28	29,7%

Fonte: Elaborado pela autora.

A maioria dos respondentes é do gênero feminino, representando 60,6% da amostra, enquanto 39,3% são do gênero masculino. A amostra tem um viés ligeiramente maior de mulheres, mas ainda reflete uma boa representatividade de ambos os gêneros, o que permite uma análise considerando diferentes perspectivas.

A maioria dos respondentes (67,0%) está nas faixas etárias de 31 a 40 anos (36,1%) e 41 a 50 anos (30,8%). As faixas mais jovens (18 a 20 anos e 21 a 30 anos) representam 25,53% da amostra, enquanto a faixa acima de 50 anos tem 7,44%. A amostra é predominantemente composta por profissionais de meia-idade, com menor representação de jovens e pessoas acima de 50 anos, o que pode limitar a diversidade de perspectivas etárias na pesquisa.

Em relação ao tempo de empresa, 36 respondentes estavam há menos de dois anos na organização na qual atuavam e a partir da qual eles responderam o quesitonário. Isso mostra que a amostra contou com uma parcela de 38% dos respondentes que estavam, relativamente, contratados há pouco tempo.

A maioria dos respondentes (55,3%) não ocupa uma posição de liderança, enquanto 48,87% ocupam cargos de liderança. A distribuição relativamente equilibrada permite uma análise comparativa entre líderes e não-líderes, oferecendo insights sobre as perspectivas de diferentes níveis hierárquicos dentro das empresas. A maior representação de não-líderes pode influenciar os resultados, refletindo principalmente a visão de colaboradores, enquanto os líderes fornecem uma visão estratégica e operacional.

A maioria dos respondentes (34,0%) possui renda superior a 10 salários mínimos, seguida por 29,7% que ganham de 3 a 6 salários mínimos, totalizando mais de 63% da amostra. Apenas 9,5% têm renda de até 2 salários mínimos, representando uma pequena parcela. A distribuição reflete uma predominância de pessoas com rendimentos mais elevados, com menor representação de faixas de renda baixa, o que pode influenciar as conclusões da pesquisa sobre o impacto da renda nas variáveis analisadas.

A distribuição das respostas sobre o "Tempo de Mercado" revela que a maioria dos respondentes possui experiência intermediária a alta. A maior parte está no mercado de 6 a 20 anos, com destaque para as faixas de 16 a 20 anos (20,2%) e de 11 a 15 anos (19,1%), somando mais de 39% da amostra. As faixas de tempo mais curtas (menos de 1 ano) e mais longas (acima de 30 anos) têm uma representatividade muito baixa, com apenas 5,3% e 2,1%, respectivamente. Isso sugere que a pesquisa abrange empresas com uma experiência consolidada, mas não com foco em negócios extremamente novos ou muito antigos. A amostra é equilibrada nas faixas de tempo intermediárias, o que pode limitar a generalização para empresas muito novas ou com mais de 30 anos de mercado.

A distribuição dos respondentes quanto ao número de funcionários na empresa onde atuam revela que 40,4% das empresas possuem mais de 100 funcionários, 32,9% têm até 20 funcionários e 26,5% estão na faixa de 21 a 100 funcionários. A maior parte das organizações é de grande porte, seguida por organizações pequenas, com uma menor representação de organizações de porte médio. Isso indica uma amostra diversificada em termos de tamanho da organização, com um leve viés para organizações maiores, o que pode influenciar as análises relacionadas ao impacto do tamanho da empresa nos resultados da pesquisa.

Após a descrição, houve a depuração dos dados. Ou seja, uma planilha de Excel com todas as repostas foi checada, de forma que se verificou cada um dos itens, um a um. Desta forma, dos 96 questionários coletados, dois foram descartados: um por ser uma resposta de teste da pesquisadora e do orientador; outro por ser proveniente de um respondente que respondeu, na primeira questão, que não queria participar da pesquisa.

MODELO DE MENSURAÇÃO

A seguir, traz-se a primeira rodada dos dados dos 94 respondentes para se analisar o modelo de mensuração proposto. A figura 5 traz os valores da AVE de cada um dos 17 itens do modelo.

Figura 5

Modelo de mensuração da primeira rodada

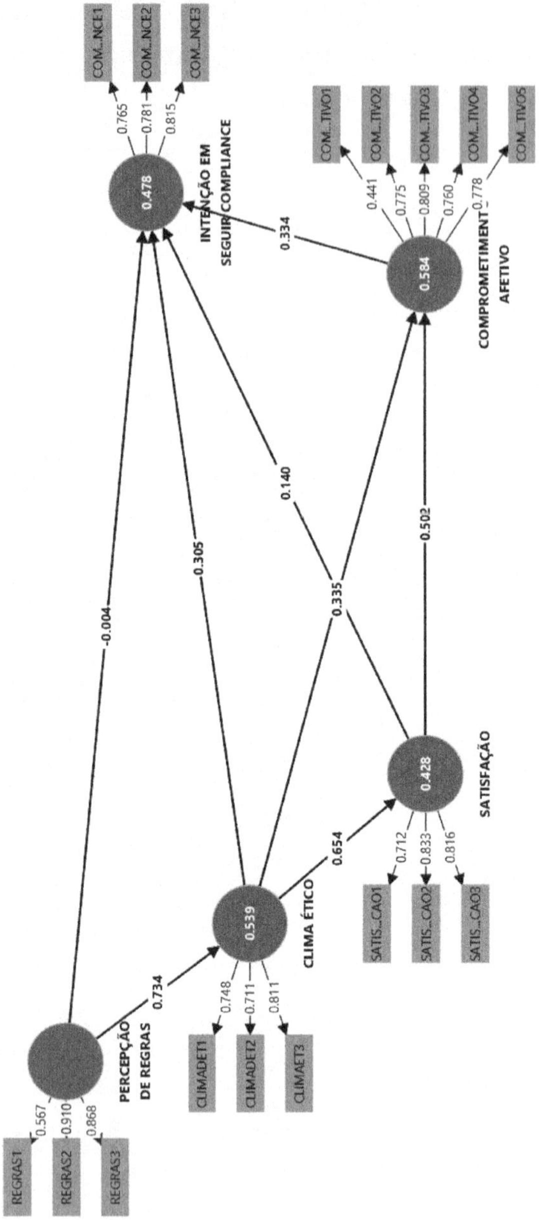

Fonte: Output do SmartPLS 4.

A partir da figura apresentada, é possível observar que o item COMPAFETIVO1 precisou ser removido do modelo porque sua AVE foi menor que 0,5 (0,441), tal como sugere a literatura (Bido & Silva, 2019; Hairet al., 2018; Hairet al., 2022; Ringleet al., 2014). Desta forma, após a retirada deste item, uma nova rodada foi feita considerando 16 itens ao todo no modelo, tal como demonstrado na figura a seguir.

Figura 6

Modelo de mensuração da segunda rodada

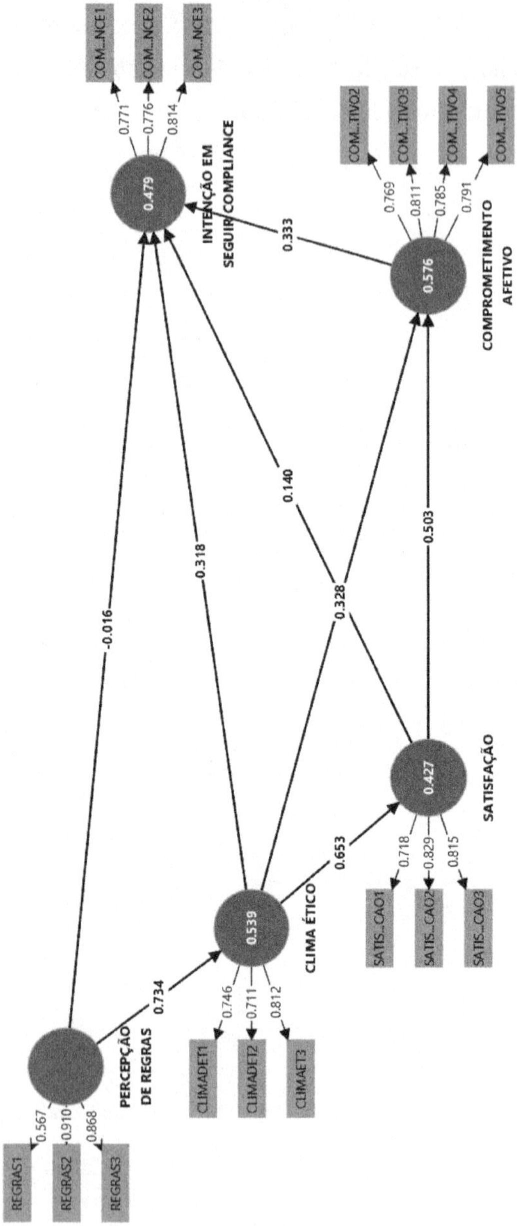

Fonte: Output do SmartPLS 4.

Nesta segunda rodada de avaliação do modelo de mensuração, todos os itens mantiveram sua AVE maior que 0,5, respeitando o sugerido por Hairet al. (2018). Com a confirmação destes 16 itens no modelo, o passo seguinte foi checar o valor do VIF de cada um deles, vide tabela 3.

Tabela 3

Valor do VIF dos itens do modelo

	VIF
CLIMAET1	*1.253*
CLIMAET2	*1.182*
CLIMAET3	*1.337*
COMPAFETIVO2	*1.564*
COMPAFETIVO3	*1.587*
COMPAFETIVO4	*1.606*
COMPAFETIVO5	*1.668*
COMPLIANCE1	*1.308*
COMPLIANCE2	*1.338*
COMPLIANCE3	*1.428*
REGRAS1	*1.205*
REGRAS2	*2.053*
REGRAS3	*1.819*
SATISFACAO1	*1.220*
SATISFACAO2	*1.489*
SATISFACAO3	*1.513*

Fonte: Elaborado pela autora.

A tabela 3 mostra que todos os itens tiveram valores menores que 3, tal como Hairet al. (2019) entendem ser o ideal. Caso algum valor fosse maior 5, sugerir-se-ia que eles tivessem sido excluídos do modelo (Bido & Silva, 2019). Assim, verificou-se que todos eles apresentam baixa colinearidade entre si (baixa multicolinearidade), as interpretações dos coeficientes são mais confiáveis e que, portanto, o modelo é, relativamente, mais estável e robusto.

Os resultados dos valores do VIF foram importantes para o estudo também para a checagem do viés de método comum. Os valores do VIF se demonstraram abaixo de 3,3, o que aponta para um bom resultado em relação ao viés de variância comum (Kock, 2015). Para reforçar esse teste de common method bias, fez-se ainda o teste do fator único de Harman, tal como sugere Kocket al. (2021), com o software JASP, cujo resultado está apresentado na tabela 4.

Tabela 4

Teste do fator único de Harman

	Unrotatedsolution			Rotatedsolution			
	Eigen-values	SumSq. Loadin-gs	Pro-por-tion var.	Cumu-lative	SumSq. Loadin-gs	Pro-por-tion var.	Cumu-lative
Fac-tor 1	6.996	6.423	0.401	0.401	6.423	0.401	0.401

Fonte: Output do JASP.

A tabela mostra que o valor cumulativo do fator único é de 0,401, ou 40,1%. É um valor que fica abaixo de 0,5 (ou 50%), mostrando que não existe o viés de método comum na amostra deste estudo, tal como preconiza Podsakoff e Organ (1986).

O passo seguinte foi checar a confiabilidade dos construtos do modelo. Os resultados dos testes de confiabilidade podem ser encontrados na tabela 5.

Tabela 5

Testes de validade e confiabilidade

	Cronba-ch'salpha	**Compo-siterelia-bility (rho a)**	**Compo-siterelia-bility (rho c)**	**Average variance extracted (AVE)**
CLIMA ÉTICO	0.627	0.633	0.801	0.574

COMPROMETIMENTO AFETIVO	0.799	0.805	0.869	0.623
INTENÇÃO EM SEGUIR COMPLIANCE	0.693	0.694	0.830	0.620
PERCEPÇÃO DE REGRAS	0.705	0.800	0.833	0.634
SATISFAÇÃO	0.695	0.702	0.831	0.623

Fonte: Output do SmartPLS 4.

Na análise de confiabilidade e validade dos construtos, os resultados do Alfa de Cronbach e da Confiabilidade Composta devem ficar acima de 0,7 (Ringleet al., 2014), enquanto os AVEs dos construtos devem ser acima de 0,5 (Ringleet al. 2014). Esse é uma limitação do estudo, ainda que pelo critério da confiabilidade composta (rho c), todos os itens poderiam ser aceitos se houvesse a escolha de um único teste para a confiabilidade dos construtos.

Por fim, para fechamento do modelo de mensuração, houve o cálculo da análise discriminante dos construtos. Os resultados mostraram que há discriminação entre eles, conforme resultados do teste de Fornell e Larcker.

Tabela 6

Análise discriminante de Fornell e Larcker

	CLIMA ÉTICO	**COMPROMETIMENTO AFETIVO**	**INTENÇÃO EM SEGUIR COMPLIANCE**	**PERCEPÇÃO DE REGRAS**	SATISFAÇÃO
CLIMA ÉTICO	0.758				

COM-PROME-TIMENTO AFETIVO	*0.657*	***0.789***			
INTEN-ÇÃO EM SEGUIR COM-PLIANCE	*0.617*	*0.632*	***0.787***		
PERCEP-ÇÃO	*0.735*	*0.648*	*0.517*	***0.796***	
DE RE-GRAS					
SATIS-FAÇÃO	*0.653*	*0.717*	*0.577*	*0.596*	***0.789***

Fonte: Output do SmartPLS 4.

Nesta análise, pode-se perceber que o primeiro valor das colunas é maior que os de baixo. Mostra-se, portanto, que existe discriminação entre os construtos do modelo, tal como preconizam Fornell e Larcker (1981).

Por fim, foi feita uma análise fatorial confirmatória sobre os itens do modelo proposto. A tabela 7 traz os resultados.

Tabela 7

Análise fatorial confirmatória

	CLIMA ÉTICO	COM-PROME-TIMENTO AFETIVO	INTEN-ÇÃO EM SEGUIR COM-PLIANCE	PERCEP-ÇÃO DE REGRAS	SATIS-FAÇÃO
CLIMA-DET1	0.746	0.519	0.373	0.531	0.523
CLIMA-DET2	0.711	0.405	0.447	0.562	0.492
CLIMA-ET3	0.812	0.562	0.571	0.579	0.475
COMPA-FETIVO2	0.465	0.769	0.505	0.438	0.451
COMPA-FETIVO3	0.571	0.811	0.549	0.619	0.697
COMPA-FETIVO4	0.492	0.785	0.482	0.493	0.582
COMPA-FETIVO5	0.536	0.791	0.451	0.474	0.504
COM-PLIAN-CE1	0.551	0.428	0.771	0.433	0.461
COM-PLIAN-CE2	0.421	0.520	0.775	0.347	0.485
COM-PLIAN-CE3	0.484	0.544	0.814	0.438	0.420
REGRAS1	0.329	0.345	0.263	0.560	0.259
RE-GRAS2	0.696	0.569	0.445	0.915	0.515
RE-GRAS3	0.654	0.597	0.490	0.867	0.587
SATIS-FACAO1	0.417	0.632	0.363	0.387	0.718

SATIS-FACAO2	*0.551*	*0.612*	*0.511*	*0.563*	*0.829*
SATIS-FACAO3	*0.572*	*0.455*	*0.484*	*0.449*	*0.815*

Fonte: Output do SmartPLS 4.

Nesta tabela, é possível ver que a carga fatorial de todos os itens se confirma dentro de seu construto de origem. Todos eles apresentam valores maiores que 0,7 no seu construto previsto (com exceção de REGRAS 1, cujo valor é 0,560). Além disso, a diferença entre a carga principal e o segundo maior valor foi, em todos os casos, maior que 0,1.

MODELO ESTRUTURAL

A figura a seguir traz os resultados do modelo estrutural, trazendo os resultados das relações entre os construtos que responde aos testes de hipóteses propostos no estudo.

Figura 7

Modelo estrutural

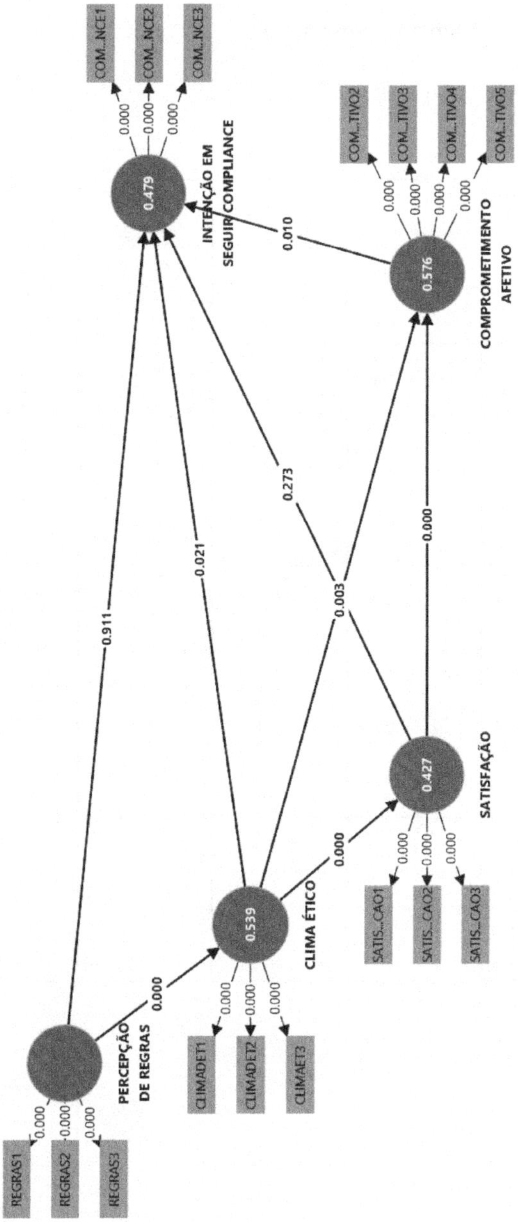

Fonte: Output do SmartPLS 4.

Os resultados mostram que todas as relações diretas se confirmaram existir, com exceção da relação entre percepção de regras e a intenção em seguir o compliance; e da relação entre satisfação no trabalho e intenção em seguir o compliance. A tabela 8 mostra, novamente, esses resultados.

Tabela 8

Efeitos diretos

	Original sample (O)	**Sample mean (M)**	**Standard deviation (STDEV)**	**T statistics (|O/STDEV|)**	**P values**
H3a: CLIMA ÉTICO -> COMPROMETIMENTO AFETIVO	*0.328*	*0.323*	*0.111*	*2.964*	*0.003*
H3b: CLIMA ÉTICO -> INTENÇÃO EM SEGUIR COMPLIANCE	*0.318*	*0.327*	*0.138*	*2.310*	*0.021*
H3c: CLIMA ÉTICO -> SATISFAÇÃO	*0.653*	*0.660*	*0.064*	*10.148*	*0.000*

H1: COMPROMETIMENTO AFETIVO -> INTENÇÃO EM SEGUIR COMPLIANCE	0.333	0.333	0.129	2.585	0.010
H4b: PERCEPÇÃODE REGRAS -> CLIMA ÉTICO	0.734	0.738	0.054	13.591	0.000
H4a: PERCEPÇÃODE REGRAS -> INTENÇÃO EM SEGUIR-COMPLIANCE	-0.016	-0.016	0.145	0.112	0.911
H2b: SATISFAÇÃO -> COMPROMETIMENTO AFETIVO	0.503	0.507	0.102	4.927	0.000
H2a: SATISFAÇÃO -> INTENÇÃO EM SEGUIR COMPLIANCE	0.140	0.134	0.128	1.097	0.273

Fonte: Output do SmartPLS 4.

Os resultados mostram que, das oito hipóteses apresentadas, duas não se confirmaram (H2a e H4a). Para melhor compreensão dos resultados da pesquisa, seguiu-se com a análise dos efeitos indiretos para checagem de existência de possíveis mediações, especialmente, para mediar essas duas relações que não se sustentaram diretamente.

Nesse sentido, todos os caminhos indiretos totais também se confirmaram. Vide a tabela 9, que traz todas as relações indiretas. Isso mostra que o modelo, quando visto de forma integrada e abrangente, mantém-se com todas as relações significativas.

Tabela 9

Efeitos indiretos totais

	Original sample (O)	Sample mean (M)	Standard deviation (STDEV)	T statistics (|O/STDEV|)	P values
CLIMA ÉTICO -> COMPROMETIMENTO AFETIVO	0.329	0.336	0.084	3.936	0.000
CLIMA ÉTICO -> INTENÇÃO EM SEGUIR COMPLIANCE	0.310	0.311	0.100	3.107	0.002
PERCEPÇÃODE REGRAS -> COMPROMETIMENTO AFETIVO	0.482	0.489	0.075	6.464	0.000

PERCEPÇÃODE REGRAS -> INTENÇÃO EM SEGUIR COMPLIANCE	0.461	0.472	0.101	4.546	0.000
PERCEPÇÃODE REGRAS -> SATISFAÇÃO	0.480	0.488	0.069	6.999	0.000
SATISFAÇÃO -> INTENÇÃO EM SEGUIR COMPLIANCE	0.168	0.169	0.076	2.211	0.027

Fonte: Output do SmartPLS 4.

A tabela 10 traz os efeitos de caminhos específicos de cada caminho indireto. O destaque fica para o resultado sobre o caminho mais longo (PERCEPÇÃO DE REGRAS → CLIMA ÉTICO → SATISFAÇÃO → COMPROMETIMENTO AFETIVO → INTENÇÃO EM SEGUIR COMPLIANCE) que se confirma, mostrando que o modelo parece ter um caminho geral previsto que considera todos os cinco elementos previstos no estudo.

Tabela 10

Efeitos indiretos específicos

	Original sample (O)	**Sample mean (M)**	**Standard deviation (STDEV)**	**T statistics (|O/STDEV|)**	**P values**

CLIMA ÉTICO -> COMPROMETIMENTO AFETIVO -> INTENÇÃO EM SEGUIR COMPLIANCE	*0.109*	*0.108*	*0.059*	*1.847*	*0.065*
PERCEPÇÃODE REGRAS -> CLIMA ÉTICO -> COMPROMETIMENTO AFETIVO -> INTENÇÃO EM SEGUIR COMPLIANCE	*0.080*	*0.081*	*0.046*	*1.749*	*0.080*
PERCEPÇÃODE REGRAS -> CLIMA ÉTICO -> COMPROMETIMENTO AFETIVO	*0.241*	*0.241*	*0.089*	*2.708*	*0.007*

PERCEPÇÃODE REGRAS -> CLIMA ÉTICO -> SATISFAÇÃO -> INTENÇÃO EM SEGUIR COMPLIANCE	*0.067*	*0.068*	*0.067*	*1.002*	*0.317*
PERCEPÇÃODE REGRAS -> CLIMA ÉTICO -> INTENÇÃO EM SEGUIR COMPLIANCE	*0.234*	*0.241*	*0.104*	*2.244*	*0.025*
PERCEPÇÃODE REGRAS -> CLIMA ÉTICO -> SATISFAÇÃO -> COMPROMETIMENTO AFETIVO	*0.241*	*0.248*	*0.065*	*3.719*	*0.000*
SATISFAÇÃO -> COMPROMETIMENTO AFETIVO -> INTENÇÃO EM SEGUIR COMPLIANCE	*0.168*	*0.169*	*0.076*	*2.211*	*0.027*

PERCEPÇÃODE REGRAS -> CLIMA ÉTICO -> SATISFAÇÃO	*0.480*	*0.488*	*0.069*	*6.999*	*0.000*
CLIMA ÉTICO -> SATISFAÇÃO -> COMPROMETIMENTO AFETIVO -> INTENÇÃO EM SEGUIR COMPLIANCE	*0.109*	*0.112*	*0.053*	*2.053*	*0.040*
PERCEPÇÃODE REGRAS -> CLIMA ÉTICO -> SATISFAÇÃO -> COMPROMETIMENTO AFETIVO -> INTENÇÃO EM SEGUIR COMPLIANCE	*0.080*	*0.083*	*0.040*	*2.016*	*0.044*

CLIMA ÉTICO -> SATISFAÇÃO -> COMPROMETIMENTO AFETIVO	*0.329*	*0.336*	*0.084*	*3.936*	*0.000*
CLIMA ÉTICO -> SATISFAÇÃO -> INTENÇÃO EM SEGUIR COMPLIANCE	*0.092*	*0.090*	*0.088*	*1.038*	*0.299*

Fonte: Output do SmartPLS 4.

O destaque da tabela 10 está também nas outras duas relações (SATISFAÇÃO → COMPROMETIMENTO AFETIVO → INTENÇÃO EM SEGUIR COMPLIANCE; PERCEPÇÃO DE REGRAS → CLIMA ÉTICO → INTENÇÃO EM SEGUIR COMPLIANCE). A primeira relação destas mostra que o comprometimento afetivo tem um papel mediador entre a relação de satisfação com o trabalho e a intenção em se manter no emprego, mostrando que, por mais que não exista uma relação direta entre satisfação e intenção em se manter no emprego, existe uma relação mediada. Da mesma forma, a percepção da existência de um clima ético na organização pode ser um mediador entre a relação da percepção de regras e a intenção em seguir normas de compliance, uma relação que não se havia confirmado na análise dos efeitos diretos do modelo. Ou seja, ambas as relações que não se confirmaram diretamente tiveram mediações que puderam mostrar um caminho viável de relações.

Por fim, todos os efeitos totais foram também confirmados, vide a tabela 11.

	Original sample (O)	Sample mean (M)	Standard deviation (STDEV)	T statistics (|O/STDEV|)	P values
CLIMA ÉTICO -> COMPROMETIMENTO AFETIVO	0.657	0.660	0.069	9.458	0.000
CLIMA ÉTICO -> INTENÇÃO EM SEGUIR COMPLIANCE	0.629	0.638	0.117	5.382	0.000
CLIMA ÉTICO -> SATISFAÇÃO	0.653	0.660	0.064	10.148	0.000
COMPROMETIMENTO AFETIVO -> INTENÇÃO EM SEGUIR COMPLIANCE	0.333	0.333	0.129	2.585	0.010
PERCEPÇÃODE REGRAS -> CLIMA ÉTICO	0.734	0.738	0.054	13.591	0.000

PERCEPÇÃODE REGRAS -> COMPROMETIMENTO AFETIVO	0.482	0.489	0.075	6.464	0.000
PERCEPÇÃODE REGRAS -> INTENÇÃO EM SEGUIR COMPLIANCE	0.445	0.456	0.103	4.320	0.000
PERCEPÇÃODE REGRAS -> SATISFAÇÃO	0.480	0.488	0.069	6.999	0.000
SATISFAÇÃO -> COMPROMETIMENTO AFETIVO	0.503	0.507	0.102	4.927	0.000
SATISFAÇÃO -> INTENÇÃO EM SEGUIR COMPLIANCE	0.308	0.303	0.123	2.491	0.013

Fonte: Output do SmartPLS 4.

Esses resultados mostram que, das oito hipóteses propostas, seis se confirmaram. Todavia, os resultados mostram também que, para as relações não significativas, houve relações indiretas (mediadas) que poderiam explicar a relação proposta, tal como é colocado nas discussões do trabalho.

ANÁLISE IMPORTÂNCIA-DESEMPENHO

O último passo da análise foi elaborar um mapa de importância-desempenho. Este é capaz de mostrar gerencialmente ao praticante que pretende atuar com um sistema de construtos semelhantes ao deste estudo quais são os construtos mais importantes e de melhor desempenho perante a variável dependente do modelo (intenção em seguir normas de compliance).

Figura 8

Mapa importância-desempenho

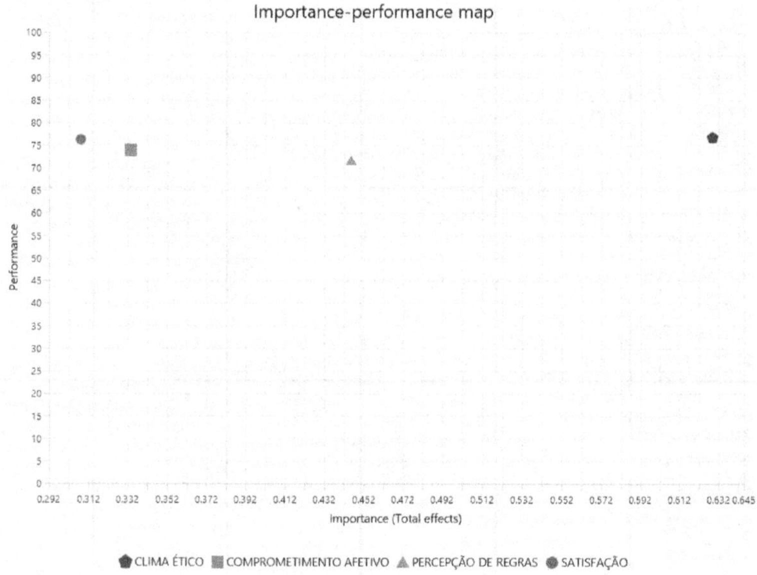

Fonte: Output do SmartPLS 4.

O mapa de importância-desempenho evidencia que o clima ético se destaca como o fator mais relevante para influenciar a intenção dos colaboradores em seguir normas de compliance, sendo seguido pela percepção da existência de regras. Ademais, essa análise permite identificar oportunidades de aprimoramento ao demonstrar a distância entre o desempenho observado de cada fator e o nível máximo de desempenho esperado. Quanto maior essa diferença, maior é o potencial de intervenção gerencial para fortalecer a intenção de conformidade organizacional.

CLIMA ÉTICO: é a variável mais importante (aproximadamente 0.64 no eixo x). Apresenta uma performance alta (aproximadamente 80 no eixo y). O clima ético é a variável central no modelo para explicar a intenção em se seguir políticas de compliance, tendo o maior impacto sobre a intenção de seguir uma política de compliance. Apesar de seu desempenho já ser elevado, esforços para incrementá-lo ainda mais podem trazer benefícios significativos.

REGRAS: Importância moderada, com um valor de aproximadamente 0.45. Sua performance é média, mais baixa dentre as variáveis, com cerca de 70. Este construto combina importância moderada com a performance mais baixa dentre as variáveis analisadas. Portanto, ele representa uma área prioritária de melhoria, já que seu impacto no modelo é relevante e há espaço significativo para aumentar sua performance.

COMPROMETIMENTO AFETIVO: Tem menor importância (aproximadamente 0.32). Apresenta um desempenho elevado, próximo a 75. Ainda que tenha menor impacto na variável dependente, o comprometimento afetivo tem um desempenho consistente. Não é uma prioridade imediata para melhorias, mas pode ser considerado secundariamente.

SATISFAÇÃO NO TRABALHO: Importância moderada (0.33), próxima ao comprometimento afetivo. Sua performance é alta, cerca de 78. Assim como o comprometimento, a satisfação tem um impacto menor no modelo e um desempenho já elevado. Não exige atenção prioritária no curto prazo.

A partir destas constatações, o que se sugere é:

a) A percepção de regras deve ser tratada como prioridade alta para quem quer aumentar a intenção de seus colaboradores em seguir políticas de compliance. Combinando importância relevante e performance mais baixa, este construto é o alvo principal de intervenções. Estratégias poderiam incluir:

- Comunicação mais clara das regras;
- Treinamentos específicos para aumentar a conscientização;
- Melhoria na percepção de justiça e aplicabilidade das normas.

(b) A manutenção do clima ético, embora já tenha alta performance, é uma variável importante. Garantir que o clima ético permaneça positivo deve ser uma prioridade contínua, já que ele influencia diretamente a intenção de seguir a política de compliance.

(c) A satisfação do colaborador e o comprometimento afetivo são questões que merecem estar sob monitoramento para as empresas que querem melhorar a intenção dos colaboradores em seguir políticas de compliance. Estas variáveis possuem menor prioridade para intervenções imediatas, mas devem ser monitoradas para evitar quedas em sua performance, que poderiam enfraquecer o modelo como um todo.

Portanto, a partir da análise de importância-desempenho, o Clima Ético é o construto mais influente na intenção de seguir políticas de compliance e já apresenta uma performance elevada. A Percepção de Regras, por outro lado, oferece a maior oportunidade de melhoria devido à sua importância moderada e performance mais baixa. Satisfação e Comprometimento Afetivo são menos influentes, mas contribuem de forma complementar ao modelo.

Assim sendo, investir esforços em melhorar a Percepção de Regras e manter o elevado Clima Ético deve ser a estratégia principal para maximizar o impacto na variável dependente.

DISCUSSÕES

Neste capítulo, são discutidos os achados de cada uma das oito hipóteses do modelo apresentado. Assim, pode-se posicionar os resultados da pesquisa frente aos conhecimentos existentes na área.

HIPÓTESE SOBRE COMPROMETIMENTO AFETIVO

H1: Comprometimento afetivo influencia positivamente a intenção do colaborador seguir políticas de compliance

O comprometimento afetivo, como discutido por Meyer et al. (1993), relaciona-se ao apego emocional do colaborador à organização, no qual ele se sente valorizado e acolhido. Esse tipo de comprometimento cria uma motivação interna para o colaborador se envolver com os objetivos da empresa, o que inclui a adesão às normas e políticas internas, como as de compliance. A premissa central do texto é que, quando o colaborador se sente parte da organização e acredita que seu esforço vale a pena para a continuidade dela, ele se empenha em seguir as políticas estabelecidas, incluindo as de compliance.

É possível destacar que o comprometimento afetivo é um fator que diminui a taxa de turnover, e colaboradores comprometidos com a organização têm maior probabilidade de permanecer na empresa, sendo mais propensos a seguir as políticas e normas dela. Isso é totalmente consistente com a hipótese de que o comprometimento afetivo influencia positivamente a intenção do colaborador de seguir as políticas de compliance.

Considerando as referências de Júnior e Galelli (2021) e Meyer et al. (1993), entre outros, a hipótese de que o comprometimento afetivo influencia positivamente a adesão às políticas de compliance é plausível e está em conformidade com os conceitos discutidos.

HIPÓTESES SOBRE SATISFAÇÃO COM O TRABALHO

H2a: A satisfação no trabalho do indivíduo está positivamente relacionada à sua intenção de seguir as normas de compliance da empresa.

Considerando que essa relação direta não se mostrou significativa, pode-se pensar que, provavelmente, a satisfação no trabalho necessariamente gera um civismo organizacional capaz de fazer que esse indivíduo siga as normas de compliance da organização (Torlak et al., 2021). Ou seja, não basta um indivíduo estar satisfeito com o seu trabalho para garantir que ele vá seguir as normas de compliance da empresa. Essa relação, portanto, não se estabelece de maneira direta ou automática.

Essa constatação se sustenta porque existe a mediação desta relação a partir do comprometimento afetivo. Isto é, a satisfação com o emprego do colaborador faz que ele crie mecanismos de comprometimento baseado em afetividade com a empresa, os quais estão relacionados com a intenção dele em seguir normas de compliance. Por isso, sempre que um gestor quiser melhorar a intenção de seus subordinados a seguir normas de compliance, ele não deve trabalhar apenas com medidas voltadas à satisfação desses colaboradores, mas com ações que também desenvolvam o comprometimento afetivo deles com a organização. Essa sistemática, que integra esses três construtos, parece mais efetiva para a eficácia de políticas de compliance.

H2b: A satisfação no trabalho do colaborador está positivamente relacionada ao seu comprometimento afetivo.

A satisfação no trabalho é apresentada como um preditor do comprometimento afetivo, que reflete o vínculo emocional do colaborador com a organização. Os estudos mencionados, como os de Yew (2008) e

Alnıaçık et al. (2012), confirmam que a satisfação no trabalho está diretamente relacionada ao comprometimento afetivo. O comprometimento afetivo é importante porque influencia o desejo do colaborador de permanecer na organização, e a satisfação com o trabalho é um dos fatores centrais que fortalecem esse vínculo emocional.

HIPÓTESE CLIMA ÉTICO

H3a: A percepção de clima ético na empresa pelo colaborador impacta positivamente o comprometimento afetivo.

A ideia de que a percepção de um clima ético fortalece o vínculo emocional do colaborador com a organização está bem sustentada no texto. O comprometimento afetivo está diretamente relacionado ao sentimento de identificação e valorização dentro da organização. Quando o colaborador percebe que a empresa segue princípios éticos e age de forma congruente com esses valores, ele tende a desenvolver um vínculo mais forte com a organização, o que impacta positivamente seu comprometimento afetivo. Estudos como os de Demirtas e Akdogan (2015) já confirmam essa relação.

H3b: A percepção de um clima ético na empresa pelo colaborador afeta positivamente sua intenção de seguir as políticas de compliance dessa empresa.

O clima ético exerce uma influência direta no comportamento dos colaboradores, incluindo a adesão às políticas de compliance. Quando os colaboradores percebem um ambiente ético e transparente, tendem a alinhar suas ações às normas e regras da organização. Esse vínculo entre o clima ético e o seguimento das políticas de compliance é reforçado pela ideia de que um ambiente ético diminui comportamentos antiéticos e oportunistas (Helou, 2018), o que, por sua vez, reflete no compromisso com as normas de compliance.

H3c: A percepção de clima ético na empresa pelo colaborador está positivamente relacionada com a sua satisfação no trabalho.

Em um estudo realizado com gestores nigerianos, foi identificada uma forte relação entre o clima ético e diferentes facetas da satisfação no trabalho, como indicado por Okpara & Wynn (2008). Essa pesquisa demonstrou que, em um ambiente de trabalho com um clima ético positivo, os gestores apresentaram maior satisfação, o que estava diretamente relacionado à sua percepção das normas e valores éticos da organização. A partir dessa constatação, espera-se que esse mesmo padrão seja observado em outros contextos culturais e organizacionais.

Neste novo estudo, o resultado esperado se confirmou também no cenário brasileiro. A pesquisa revelou que a percepção de um clima ético está, de fato, associada à maior satisfação no trabalho e à intenção dos colaboradores de seguir as normas estabelecidas pela organização, tanto entre gestores quanto entre empregados operacionais. Assim, o estudo brasileiro corrobora os achados anteriores com gestores nigerianos, demonstrando que a relação entre clima ético, satisfação no trabalho e adesão às normas de compliance se mantém consistente, independentemente do contexto cultural, reforçando a importância de um ambiente ético para a motivação e engajamento dos colaboradores.

HIPÓTESE SOBRE A PERCEPÇÃO DE EXISTÊNCIA DE REGRAS

H4a: A percepção de que existem regras afeta positivamente sua intenção de seguir as políticas de compliance dessa empresa.

O resultado da pesquisa identificou que a relação direta entre a percepção de regras e a intenção em seguir políticas de compliance não se confirmou. Ou seja, os mecanismos de controle a partir de um ambiente rigoroso em regras que faz os colaboradores perceberem cobranças não necessariamente faz eles quererem seguir regras. Pode ocorrer o contrário – pode existir um sentimento de opressão nos colaboradores que faz que eles não se sintam motivados o suficiente para apoiar a organização em suas políticas de compliance.

Assim sendo, não basta existir sistemas de monitoramento sobre os colaboradores para identificar eventuais desvios de conduta frente às normas estabelecidas, os empregados tendem a ter a intenção de seguir as políticas de compliance (Amankwa et al., 2018). Parece ser preciso que eles sintam que há um clima ético na empresa que faz que a conduta moral padrão seja aquela que segue o compliance. Por isso, se um gestor quiser construir um ambiente rigoroso em termos de regras na esperança de que haja a intenção em seguir as políticas de compliance, ele deve considerar que isso só fará sentido para os colaboradores se eles perceberem que o clima da empresa é ético e honesto.

H4b: A percepção de que existem regras afeta positivamente o clima ético.

A percepção de existência de regras no ambiente de trabalho é um indicativo de que a organização possui padrões éticos. Quando os colaboradores veem que existem regras claras, elas são geralmente associadas a princípios morais e valores justos que norteiam o comportamento na empresa. Isso ajuda a construir a percepção de um clima ético dentro da organização. A visão do clima ético como uma norma social, defendida por autores como Auzoult e Mazilescu (2021), fortalece essa ideia. Portanto, a percepção de que existem regras claras dentro da empresa é positiva para a construção de um clima ético, já que elas são vistas como representações de padrões morais e de comportamento ético esperados na organização.

CONCLUSÕES

Nesta obra, buscou-se entender o papel do comprometimento afetivo, da satisfação no trabalho, do clima ético e da percepção de existência de regras para o colaborador na sua intenção em seguir normas de compliance nas empresas. A partir da análise de um modelo estrutural, pôde-se compreender um pouco melhor como um modelo que integra esses cinco construtos pode ser considerado nos aspectos teóricos e práticos para se compreender a intenção em se seguir normas de compliance de uma empresa.

CONTRIBUIÇÕES TEÓRICAS

Foram investigadas as variáveis que influenciam a intenção dos colaboradores em seguir as políticas de compliance dentro do contexto organizacional, com ênfase na importância de programas que promovam a conformidade ética e legal. O tema de compliance, embora amplamente discutido no cenário internacional desde os anos 1970 com a criação da FCPA nos Estados Unidos, ganhou relevância no Brasil a partir da criação da Lei Anticorrupção (Lei 12.846/2013) e da crescente importância dos programas de compliance nas empresas nacionais. Nesse contexto, esta obra trouxe uma análise sobre as relações que moldam o comportamento dos colaboradores em relação ao cumprimento das normas de compliance nas organizações brasileiras.

Dentre as oito relações analisadas, seis foram confirmadas, evidenciando que o comprometimento afetivo e a percepção de um clima ético possuem um impacto significativo e direto nas intenções dos colaboradores de seguir as políticas de compliance; enquanto a percepção de existência de regras e satisfação no trabalho não. Ainda que essas relações diretas não tenham se confirmado, o estudo identificou haver a mediação do comprometimento afetivo entre a satisfação no trabalho e a intenção em seguir as políticas de compliance, além da mediação do clima ético entre a percepção de regras e a intenção em se seguir as políticas de compliance.

Ademais, o estudo ainda demonstrou que existe um caminho que envolve todas as variáveis deste estudo que explica uma sistemática para se seguir as políticas de compliance. É ele: PERCEPÇÃODE REGRAS → CLIMA ÉTICO → SATISFAÇÃO → COMPROMETIMENTO AFETIVO → INTENÇÃO EM SEGUIR COMPLIANCE. Portanto, os achados do estudo que deu origem a esta obra apontam para uma realidade na qual as intenções de se seguir políticas de compliance precisam ser entendidas e consideradas em modelos integrados e complexos. Relações diretas trazem limitações e uma simplificação que pode não ser a melhor alternativa para se entender o fenômeno.

IMPLICAÇÕES GERENCIAIS

Para os gestores que buscam incentivar os colaboradores a seguir as políticas de compliance em suas empresas, é essencial adotar uma abordagem abrangente e integrada. Considerar apenas relações simples e diretas para compreender esse fenômeno pode ser algo limitado. Políticas e ações para incentivar os colaboradores a seguir normas de compliance devem ser mais abrangentes e considerar um modelo integrado, ao contrário de ações pontuais e singulares. Isto é, focar exclusivamente em um único aspecto, como melhorar o comprometimento afetivo ou promover um clima ético isoladamente, pode não ser eficaz. É necessário adotar uma estratégia holística que envolva diversas dimensões do comportamento organizacional, como o clima ético, a satisfação no trabalho e o comprometimento afetivo. As organizações devem integrar esses elementos de forma equilibrada, criando um ambiente que não apenas valorize os colaboradores, mas também os motive a seguir as normas de compliance, garantindo uma cultura organizacional mais robusta e ética.

LIMITAÇÕES DO ESTUDO

Uma limitação importante do estudo foi a necessidade de simplificação do modelo a partir da análise fatorial, o que resultou na exclusão de uma variável (COMPAFETIVO1). Embora essa simplificação tenha sido necessária para a viabilidade da análise, ela pode ter restringido a representatividade total de algumas relações entre as variáveis. Ademais, ainda que tenha sido somente um item, é prudente que se deixe isso esclarecido.

Em relação à validade e confiabilidade dos construtos, alguns deles não superaram o valor mínimo esperado, tal como apresentado na Tabela 5. Todavia, todos eles ficaram com valores acima de 0,6 e próximos ao 0,7 sugerido pela literatura (Ringleet al., 2014). Por mais que, pelo critério da confiabilidade composta (rho c), todos os itens pudessem ser aceitos se houvesse a escolha de um único teste para a confiabilidade dos construtos, nos demais, o modelo teve construtos abaixo.

Já na análise fatorial confirmatória, o item REGRAS1 foi mantido no modelo, mesmo tendo valor abaixo de 0,7 (0,560), porque foi um item que não teve carga fatorial de valor próximo em nenhum outro fator. Desta forma, optou-se por manter esse item para que seu construto (percepção de existência de regras) não ficasse com menos de três itens.

Outra limitação do estudo se refere à sua amostra que conta com 38% de respondentes com até dois anos de trabalho na organização a qual ele(a) se referiu para responder o questionário. Isso pode representar um viés de indivíduos que estão ainda em estágios de lua de mel na relação com suas empresas e, por isso, podem ter opiniões favoráveis.

SUGESTÕES DE ESTUDOS FUTUROS

Para avançar no entendimento sobre a adesão aos programas de compliance, sugere-se estudos longitudinais que permitam captar os efeitos dinâmicos ao longo do tempo. Isso porque algumas variáveis do estudo podem ser dinâmicas e variar conforme circunstâncias. Assim, a satisfação no trabalho e o comprometimento afetivo do indivíduo podem mudar ao longo do tempo e de sua relação com a organização. A confiança do colaborador com as equipes de trabalho e com a organização pode oscilar, o que afeta diretamente questões como comprometimento afetivo (Tirelli & Goh, 2015) e a satisfação no trabalho (Roberts & David, 2020).

Vale ainda lembrar que essas percepções de comprometimento afetivo, satisfação no trabalho e elementos exógenos como o clima ético e a percepção de regras podem variar de acordo com a empresa, mas também de acordo com o setor e tipo de negócio. Por exemplo, organizações públicas, sobre comprometimento afetivo, tendem a ter uma sistemática diferente (Steijn, 2004). Desta forma, estudos capazes de comparar o modelo proposto em organizações públicas e privadas poderia revelar novas facetas para a atual discussão. Adicionalmente, a coleta de dados em diferentes locais e culturas pode proporcionar comparações importantes entre os comportamentos de colaboradores em contextos diversos, especialmente no caso de colaboradores brasileiros em relação a outros países.

Além disso, a inclusão de novas variáveis no modelo como outros tipos de comprometimento organizacional, confiança na empresa e nas pessoas do ambiente de trabalho, ou ainda fatores contextuais, pode oferecer uma compreensão mais profunda dos mecanismos que influenciam o comportamento ético nas organizações. Considerando que sistemas mais complexos e integrados tendem a explicar melhor a intenção de se seguir políticas de compliance, essas direções para futuras pesquisas podem não apenas expandir o conhecimento sobre compliance, mas também fornecer insights valiosos para a gestão de comportamentos éticos em organizações globalmente diversificadas.

Assim, os resultados do estudo oferecem uma base para futuras investigações, especialmente no contexto brasileiro, onde as práticas de compliance estão em processo de consolidação. O aumento da maturidade das políticas de compliance nas empresas brasileiras, impulsionado pela necessidade de atender às exigências legais e culturais, reflete um movimento importante para garantir ambientes corporativos mais éticos e transparentes. Por isso, é sugerido que os estudos sobre o tema continuem avançando para suportar a prática do compliance que traz cada vez mais maturidade e desafios no contexto brasileiro.

REFERÊNCIAS

Acorn, E. (2021). Law and politics in FCPA prosecutions of foreign corporations. Revista Direito GV, 17(2).

Al-Shaer, H., Malik, M. F., & Zaman, M. (2022). What do audit committees do? Transparency and impression management. Journal of Management and Governance, 26(4), 1443–1468.

Alberti, C. T., Bedard, J. C., Bik, O., & Vanstraelen, A. (2022). Audit firm culture: Recent developments and trends in the literature. European Accounting Review, 31(1), 59–109.

Alnıaçık, Ü., Alnıaçık, E., Akçin, K., & Erat, S. (2012). Relationships between career motivation, affective commitment and job satisfaction. Procedia - Social and Behavioral Sciences, 58, 355–362.

Amankwa, E., Loock, M., & Kritzinger, E. (2018). Establishing information security policy compliance culture in organizations. Information & Computer Security, 26(4), 420–436.

Araújo, C., & Chicourel, T. (2020). O protagonismo do canal de denúncias na promoção da ética corporativa. Instituto Brasileiro de Governança Corporativa. https://www.ibgc.org.br/blog/artigo-camila-araujo-ticiana-chicourel-canal-de-denuncias

Arruda, M. C. C., & Navram, F. (2000). Indicadores de clima ético nas empresas. Revista de Administração de Empresas, 40(3), 26–35.

Asana. (2024). Aumente a satisfação dos funcionários ao atender estas 5 necessidades. https://asana.com/pt/resources/how-to-improve-employee-satisfaction

Assi, M. (2018). Compliance: Como implementar. Editora Trevisan.

Auzoult, L., & Mazilescu, C. A. (2021). Ethical climate as social norm: Impact on judgements and behavioral intentions in the workplace. International Journal of Environmental Research and Public Health, 18(11).

Azim, M. T., Uddin, M. A., & Haque, M. M. (2020). Does compliance to standards in the ready-made garments industry affect employee attitudes? Global Business and Organizational Excellence, 40(2), 43–58.

Basso Jr., A. F. (2017). Percepção de justiça sobre a avaliação de desempenho e sua relação com o comprometimento organizacional (Dissertação de mestrado). Universidade de Caxias do Sul.

Bidin, R. (2013). Auditoria: Uma ferramenta para melhoria contínua. https://www.manufaturaemfoco.com.br/auditoria-uma-ferramenta-para-melhoria-continua/

Bido, D. S., & Silva, D. (2019). SmartPLS 3: Especificação, estimação, avaliação e relato. Administração: Ensino e Pesquisa, 20(2), 488–536.

Brasil. (2013). Lei nº 12.846, de 1º de agosto de 2013 (Lei Anticorrupção). https://www.planalto.gov.br/ccivil_03/_ato2011-2014/2013/lei/l12846.htm

Brasil. (2019). Decreto nº 11.129, de 11 de julho de 2019. https://www.planalto.gov.br/ccivil_03/_ato2019-2022/2022/decreto/d11129.htm

Brasil. (2019). Portaria CGU nº 57/2019. https://repositorio.cgu.gov.br/xmlui/bitstream/handle/1/45186/Portaria_CGU_57_2019.pdf

Brennan, N. M., & Kirwan, C. E. (2015). Audit committees: Practices, practitioners and praxis of governance. Accounting, Auditing & Accountability Journal, 28(4), 466–493.

Brown, I., Steen, A., & Foreman, J. (2009). Risk management in corporate governance. Corporate Governance: An International Review, 17(5), 546–558.

Campos, C. V. de A., & Malik, A. M. (2008). Satisfação no trabalho e rotatividade dos médicos do Programa de Saúde da Família. Revista de Administração Pública, 42(2), 347–368. https://doi.org/10.1590/S0034-76122008000200007

Cardoso, F. (2017). O ciclo PDCA e a melhoria contínua. https://medium.com/@CrysFaby/ciclo-pdca-f0d37bc260e2

Carloto, S. (2019). Compliance trabalhista. LTr.

Carneiro da Cunha, J. A. (2011). A gestão de pessoas em centros de serviços compartilhados no Brasil (Tese de doutorado). Fundação Getulio Vargas.

Carter, D. P., & Siddiki, S. (2021). Participation rationales, regulatory enforcement, and compliance motivations. Regulation & Governance, 15(2), 317–332.

Castro, P. R., Amaral, J. V., & Guerreiro, R. (2019). Adherence to the compliance program of Brazil's anti-corruption law. Revista Contabilidade & Finanças, 30(80), 186–201.

Cavalcanti, L. (2021). Comitê de auditoria: O que é, como funciona e como implementar. https://www.linkana.com/blog/comite-de-auditoria

Chambers, A., & O'Leary, D. M. G. (2016). Internal auditing: Theory and practice (3rd ed.). CIMA Publishing.

Charreaux, G. (2002). L'actionnaire comme apporteur de ressources cognitives. Revue Française de Gestion, 141, 77–107.

Chen, H., Chau, P. Y., & Li, W. (2019). Moral disengagement and organizational ethical climate. Information Technology & People, 32(4), 973–992.

Cohen, J., Krishnamoorthy, G., & Wright, A. M. (2002). Corporate governance and the audit process. Contemporary Accounting Research, 19(4), 573–594. https://doi.org/10.1506/983M-EPXG-4Y0R-J9YK

Coimbra, M., & Manzi, V. A. (Orgs.). (2010). Manual de compliance. Atlas.

Compliance Total. (n.d.). Tone from the top. https://www.compliancetotal.com.br/compliance/tone-from-the-top

Contato Seguro. (2022). 5 benefícios do canal de denúncias. https://canaldaetica.com.br/blog/5-beneficios-que-o-canal-de-denuncias-traz-para-os-colaboradores/

Cruz, L. (2023). Cultura organizacional: O que é, tipos e por que ela é importante. https://www.creditas.com/rh-estrategico/cultura-organizacional-o-que-e-e-por-que-ela-e-importante/

D'Arcy, J., & Greene, G. (2014). Security culture and the employment relationship. Information Management & Computer Security, 22(5), 474–489.

Demirtas, O., & Akdogan, A. A. (2015). The effect of ethical leadership behavior on ethical climate, turnover intention, and affective commitment. Journal of Business Ethics, 130(1), 59–67.

Doyle, E. (2007). Compliance obstacles to competitiveness. Corporate Governance, 7(5), 612–622.

Fornell, C., & Larcker, D. F. (1981). Evaluating structural equation models. Journal of Marketing Research, 18(1), 39–50.

Forza, C. (2002). Survey research in operations management. International Journal of Operations & Production Management, 22(2), 152–194.

Foth, M. (2016). Intention to comply with data protection regulations. European Journal of Information Systems, 25(2), 91–109.

Furbino, I. (2024). Retenção e engajamento. https://escoladepessoas.com.br/artigos/engajamento-e-retencao-de-colaboradores/

Galelli, J. A., & Júnior, A. S. (2021). Comprometimento organizacional e liderança: Relações, práticas e impactos no comportamento dos colaboradores. Editora Atlas.

Gao, J., Greenberg, R., & Wong-On-Wing, B. (2015). Whistleblowing intentions. Journal of Business Ethics, 126, 85–99.

Garcia-Blandon, J., Argilés-Bosch, J. M., Martinez-Blasco, M., & Merino, D. C. (2018). Audit committee recommendations. Journal of Management and Governance, 22, 921–946.

Giovanni, W. (2014). Compliance: A excelência na prática.

Góis, V. S., Santos, A. E., & Rocha, I. M. M. (2016). Marco normativo anticorrupção. Revista da CGU, 8(12), 18–18.

Guzeller, C. O., & Celiker, N. (2020). Organizational commitment and turnover intention. International Journal of Culture, Tourism and Hospitality Research, 14(1), 102–120.

Hair, J. F., Black, W. C., Babin, B. J., Anderson, R. E., & Tatham, R. L. (2009). Multivariate data analysis (6th ed.). Bookman.

Hair, J. F., Hult, G. T. M., Ringle, C. M., & Sarstedt, M. (2022). A primer on PLS-SEM (3rd ed.). Sage.

Hair, J. F., Risher, J. J., Sarstedt, M., & Ringle, C. M. (2019). When to use PLS-SEM. European Business Review, 31(1), 2–24.

Hair, J. F., Sarstedt, M., Ringle, C. M., & Gudergan, S. P. (2018). Advanced issues in PLS-SEM. Sage.

Harman, H. H. (1967). Modern factor analysis. University of Chicago Press.

Hassi, A. (2019). Effects of leadership on job satisfaction. International Journal of Organizational Analysis, 27(3), 786–811.

Helou, C. (2018). Atuação do compliance nas organizações privadas (Trabalho de conclusão de curso). Universidade de Brasília.

Herath, T., & Rao, H. R. (2009a). Protection motivation and deterrence. European Journal of Information Systems, 18, 106–125.

Herath, T., & Rao, H. R. (2009b). Encouraging information security behaviors. Decision Support Systems, 47(2), 154–165.

Hofeditz, M., Nienaber, A. M., Dysvik, A., & Schewe, G. (2017). Intrinsic and extrinsic motivators. Human Resource Management, 56(1), 25–49.

Hu, Q., Dinev, T., Hart, P., & Cooke, D. (2012). Managing employee compliance with information security policies: The critical role of top management and organizational culture. Decision Sciences, 43(4), 615-660. https://doi.org/10.1111/j.1540-5915.2012.00361.x

Hu, X., Griffin, M., Yeo, G., Kanse, L., Hodkiewicz, M., & Parkes, K. (2018). A new look at compliance with work procedures. Safety Science, 105, 46–54.

Interligi, L. (2010). Compliance culture. Journal of Management & Organization, 16(2), 235–249.

Janes, F., & Harvey, R. H. (2022). Diversity, equality and inclusion. Journal of Financial Compliance, 5(3), 218–227.

Jenkins, J. G., Deis, D. R., Bedard, J. C., & Curtis, M. B. (2008). Accounting firm culture. Behavioral Research in Accounting, 20(1), 45–74.

Jenkinson, D. (1996). Compliance culture. Journal of Financial Regulation and Compliance, 4(1), 41–46.

Johnson, D. A., Johnson, C. M., & Dave, P. (2023). Performance feedback in organizations. Journal of Organizational Behavior Management, 43(1), 64–89.

Kapp, E. A., & Parboteeah, K. P. (2008). Ethical climate and safety performance. Professional Safety, 53(7).

Karlsson, F., Karlsson, M., & Åström, J. (2017). Measuring employees' compliance. Information & Computer Security, 25(3), 279–299.

Khemakhem, H., Fontaine, R., Smaili, N., & Zaman, M. (2023). Whistleblowing regulations. Journal of Management and Governance, 23, 131–151.

Klotz, A. C., Swider, B. W., & Kwon, S. H. (2023). Back-translation practices. Journal of Applied Psychology, 108(5), 699–727.

Kock, F., Berbekova, A., & Assaf, A. G. (2021). Common method bias. Tourism Management, 86.

Kock, N. (2015). Common method bias in PLS-SEM. International Journal of e-Collaboration, 11(4), 1–10.

KPMG. (2021). Pesquisa maturidade do compliance no Brasil. https://assets.kpmg.com/content/dam/kpmg/br/pdf/2021/07/KPMG-pesquisa-maturidade-compliance-2021.pdf

Lamboy, C. K. (2018). Manual de compliance. Via Ética.

Leal, C. T., Marques, C. P., Marques, C. S., & Braga Filho, E. (2015). Intellectual capital and job satisfaction. Tourism & Management Studies, 11(2), 219–225.

LEC. (2018). Compliance na América Latina. LEC.

LEC. (2020). Diversidade e inclusão no compliance. https://lec.com.br/diversidade-e-inclusao/

Lima Júnior, E. F., & Oliveira, L. G. L. (2021). Canal de denúncias e fraudes. Revista de Auditoria, Governança e Contabilidade, 9(40), 133–150.

Lin, L. (2018). Sampling error in meta-analysis. PLOS ONE, 13(9).

Liu, C., Wang, N., & Liang, H. (2020). Information security policy compliance. International Journal of Information Management, 54, 102152.

Liu, J., Wang, Y., & Wang, Z. (2022). Pressure and compliance attitudes. Journal of Construction Engineering and Management, 148(11).

Locke, E. A. (1969). What is job satisfaction? Organizational Behavior and Human Performance, 4(4), 309–336.

Manning, L. (2020). From compliance-based to integrity-based climate. Comprehensive Reviews in Food Science and Food Safety, 19(3), 995–1017.

Martins, M. D. C. F., & Santos, G. E. (2006). Escala de satisfação no trabalho. Psico-USF, 11, 195–205.

Martins, P. G. S., & Carneiro da Cunha, J. A. (2024). Estruturação de compliance. Revista do CEJUR/TJSC, 12.

Martins, T. C. (2021). O FCPA e o sistema anticorrupção brasileiro. Revista Digital de Direito Administrativo, 8(2), 88–111.

Medeiros, C. A. F., & Enders, W. T. (1998). Comprometimento organizacional. Revista de Administração Contemporânea, 2, 67–87.

Meyer, J. P., & Allen, N. J. (1991). Three-component conceptualization. Human Resource Management Review, 1(1), 61–89.

Meyer, J. P., Allen, N. J., & Smith, C. A. (1993). Commitment to organizations. Journal of Applied Psychology, 78(4).

Michael, B., & Williams, M. (2018). Perverse incentives and compliance. Managerial Auditing Journal, 33(1), 64–89.

Moen, R., & Norman, C. (2010). Clearing up myths about the PDCA cycle. Quality Progress, 42(1), 22–28. https://deming.org/wp-content/uploads/2020/06/circling-back.pdf

Mohdali, R., Isa, K., & Yusoff, S. H. (2014). Threat of punishment and tax compliance. Procedia – Social and Behavioral Sciences, 164, 291–297.

Moriuchi, E. (2019). Voice assistants and consumer engagement. Psychology & Marketing, 36(5), 489–501.

Morris, T. (1998). If Aristotle ran General Motors: The new soul of business. New York, NY: Henry Holt and Company.

Nakamura, E. A. M. V., Nakamura, W. T., & Jones, G. D. C. (2019). Estrutura de compliance. Revista Gestão & Tecnologia, 19(5), 257–275.

Nerantzidis, M. (2015). Comply or explain. Managerial Auditing Journal, 30(4/5), 373–412.

Neves, E. C. (2018). Compliance empresarial. Editora Trevisan.

Nubank. (2020). Reinventando a auditoria interna. https://building.nubank.com.br/pt-br/reinventando-a-auditoria-interna-com-o-uso-da-tecnologia/

Okpara, J. O., & Wynn, P. (2008).

The impact of ethical climate on job satisfaction and commitment in Nigeria: Implications for management development.

Journal of Management Development, 27(9), 935–950. https://doi.org/10.1108/02621710810901282

Oliveira, M. (2022). Afinal, o que deve ser a cultura corporativa? Exame. https://exame.com/colunistas/relacionamento-antes-do-marketing/afinal-o-que-deve-ser-a-cultura-corporativa/

Oliveira, T. C., Carneiro da Cunha, J. A., Colagrai, A. C., Ferreira, M. A. S. V. P., & Mazieri, M. R. (2024). Organizational policies and sports values. Journal of Strategy and Management, 17(3), 444–465.

Organ, D. W., & Ryan, K. (1995). Organizational citizenship behavior. Personnel Psychology, 48(4), 775–802.

Outa, E. R., & Waweru, N. M. (2016). Corporate governance compliance. Managerial Auditing Journal, 31(8/9), 891–914.

Ozdoba, P., Dziurka, M., Pilewska-Kozak, A., & Dobrowolska, B. (2022). Hospital ethical climate. International Journal of Environmental Research and Public Health, 19(8).

Parboteeah, K. P., & Kapp, E. A. (2008). Ethical climates and workplace safety behaviors. Journal of Business Ethics, 80(3), 515–529.

Periard, R. (2011). Ciclo PDCA. Sobre Administração. https://www.sobreadministracao.com/ciclo-pdca/

Peterson, E. A. (2013). Compliance and ethics programs. Journal of Management & Governance, 17, 1027–1045.

Pinto, R. J. (2023). Auditoria interna nas empresas. Jusbrasil. https://www.jusbrasil.com.br/artigos/auditoria-interna-nas-empresas-a-garantia-da-transparencia-e-eficiencia/1979179405

Podsakoff, P. M., & Organ, D. W. (1986). Self-reports in organizational research. Journal of Management, 12(4), 531–544.

Porto, E. G. (2020). Compliance e governança corporativa. Lawboratory.

Puhakainen, P., & Siponen, M. (2010). Improving employees' compliance. MIS Quarterly, 34(4), 757–778.

Raimo, N., Vitolla, F., Marrone, A., & Rubino, M. (2021). Audit committee attributes. Business Strategy and the Environment, 30(1), 522–534.

Rajab, M., & Eydgahi, A. (2019). Intention to comply with information security policies. Computers & Security, 80, 211–223.

Ribeiro, M. C. P., & Diniz, P. D. F. (2015). Compliance e lei anticorrupção. Revista de Informação Legislativa, 52(205), 87–105.

Ringle, C. M., Silva, D., & Bido, D. S. (2014). Modelagem de equações estruturais. Revista Brasileira de Marketing, 13(2), 56–73.

Roberts, J. A., & David, M. E. (2020). Boss phubbing. Personality and Individual Differences, 155.

Rocha, L. G. (2021). Aspectos gerais de um programa de integridade. Apresentação.

Rodrigues, A. C. D. A., Bastos, A. V. B., & Moscon, D. C. B. (2019). Comprometimento organizacional. Organizações & Sociedade, 26(89), 338–358.

Roldo, F. R., & Thaines, A. H. (2020). Compliance e prevenção de riscos. Revista Eletrônica de Ciências Contábeis, 9(1), 241–271.

Salomão, K. (2018). Empresas mais ricas têm funcionários mais engajados. Exame. https://exame.com/negocios/empresas-mais-ricas-tem-funcionarios-mais-engajados-e-vice-versa/

Santos, A. E. M., Segura, L. C., Vasconcelos, A. L. F. S., & Imoniana, J. O. (2024). Auditoria interna e risco de corrupção. Revista de Governança Corporativa, 11.

Shin, S. J., Yuan, F., & Zhou, J. (2017). Innovation job requirements. Journal of Organizational Behavior, 38(1), 68–86.

Silva, G. R., Melo, H. P. A., & Sousa, R. G. (2020). Canal de denúncia anônima. Revista Evidenciação & Finanças, 8(1), 21–39.

Siponen, M., Mahmood, M. A., & Pahnila, S. (2014). Information security policies. Information & Management, 51(2), 217–224.

Siponen, M., Pahnila, S., & Mahmood, M. A. (2010). Compliance with information security policies. Computer, 43(2), 64–71.

Souza, G. E. de, & Beuren, I. M. (2018). Reflexos do sistema de mensuração de desempenho habilitante na performance de tarefas e satisfação no trabalho. Revista Contabilidade & Finanças, 29(77), 194–212. https://doi.org/10.1590/1808-057x201805850

Spitzmüller, C., & Stanton, J. M. (2006). Employee compliance with surveillance. Journal of Occupational and Organizational Psychology, 79(2), 245–272.

Stacchezzini, R., Rossignoli, F., & Corbella, S. (2020). Compliance programs in practice. Accounting, Auditing & Accountability Journal, 33(4), 887–911.

Steijn, B. (2004). Human resource management and job satisfaction. Review of Public Personnel Administration, 24(4), 291–303.

Stinson-DaCruz, T. (2020). Compliance and diversity. Journal of Financial Compliance, 3(4), 332–339.

Thomsen, S. (2004). Corporate values and governance. Corporate Governance, 4(4), 29–46.

Thottoli, M. M. (2021). Compliance audit and disclosure. Journal of Investment Compliance, 22(2), 137–150.

Tirelli, A., & Goh, S. C. (2015). Trust and affective commitment. International Journal of Human Resources Development and Management, 15(1), 54–68.

Torlak, N. G., Kuzey, C., Dinç, M. S., & Budur, T. (2021). Links connecting nurses' planned behavior, burnout, job satisfaction, and organizational citizenship behavior. Journal of Workplace Behavioral Health, 36(1), 77–103.

Tourangeau, R., Rasinski, K. A., Bradburn, N., & D'Andrade, R. O. Y. (1989). Carryover effects in surveys. Public Opinion Quarterly, 53(4), 495–524.

Trambacos, F., Albanez, T., & de Carvalho, L. N. G. (2021). Corporate governance research framework. Contabilidade, Gestão e Governança, 24(3), 312–330.

Treviño, L. K., Weaver, G. R., Gibson, D. G., & Toffler, B. L. (1999). Managing ethics and legal compliance. California Management Review, 41(2), 131–151.

Vance, A., Siponen, M., & Pahnila, S. (2012). Motivating IS security compliance. Information & Management, 49(3–4), 190–198.

Vandekerckhove, W., & Phillips, A. (2019). Whistleblowing as a protracted process. Journal of Business Ethics, 159, 201–219.

Vecchio, F., & Pereira, F. (2020). Desafios na implementação de compliance. Revista Direito: Passado, Presente e Futuro, 2, 137–153.

Verhezen, P. (2010). From compliance to integrity. Journal of Business Ethics, 96, 187–206.

Victor, B., & Cullen, J. B. (1988).

The organizational bases of ethical work climates.

Administrative Science Quarterly, 33(1), 101–125. https://doi.org/10.2307/2392857

Warkentin, M., Johnston, A. C., & Shropshire, J. (2011). Informal social learning and compliance. European Journal of Information Systems, 20(3), 267–284.

Weber, J. (1993). Institutionalizing ethics. Business Ethics Quarterly, 3(4), 419–435.

Yazdanmehr, A., & Wang, J. (2016). Information security policy compliance. Decision Support Systems, 92, 36–46.

Yew, L. T. (2008). Job satisfaction and affective commitment. World Review of Entrepreneurship, Management and Sustainable Development, 4(1), 85–100.

Made in the USA
Monee, IL
04 November 2026

67377530R00075